宮崎発掘　史話四題

甲斐　亮典 著

みやざき文庫 134

まえがき

令和元（二〇一九）年五月に、私は満九十歳になった。

平成二年三月末日に、教職を定年退職したので、退職後すでに三十年である。

昭和四（一九二九）年の生まれであるから、昭和～平成のほぼ全時代を生きたことになる。退職後、お世話になった宮崎県立図書館では、「佐土原藩島津家江戸日記」を中心に、史料解読、出版の仕事をさせていただき、大いに勉強もさせていただいて感謝している。

その時期に取り扱った史・資料や文献の中には、地方史講座で紹介したり、原稿にして同館発行の「緑陰通信」や「地方史研究紀要」に掲載していただいたものもある。また、その職を退いてすでに長い歳月を経てしまったが、いつまでも記憶に残っているものもある。

その中で、市民的な話題としては知られていないが、自分としては書き残しておきたいと思うものが幾つかあるので、卒寿の記念として出版しようと思うようになった。原史料を記録した人たちも、おそらく後世の誰かに知ってもらいたいという思いがあったのではないだろうか。

ひとりの人間として、全く予期してもいなかったことがある日突然起こり、人生の厳しい局面と向き合って生きることになった人たちは、どう生き抜いたのであろうか。

「渡師兄弟の敵討」「江藤甚七の敵討」は、日向佐土原藩領内で起こった出来事を明治初期に佐土原藩の史家・竹下雄一郎が書き残した。

「ペリーが食べた日本料理」は、解読を依頼された古文書史料の中に含まれていたものである。先祖が、東海地方のどこかの藩士であったらしく、ペリー来航時に状況を見るために現地に派遣された人の記録のコピー版であった。

『神奈川県史』『横浜市史』等には関係史料が豊富に収録されているので、関連部分は参照して確かめたが、宮崎で目にするのは、珍しい史料であった。

平成二十年から二十六年にかけて『清武町史』の監修を委託され、その仕事の中で「西南戦争」に関する史料を多く見た。この戦争の後半は「日向国」が戦場になって村人たちは多くの困難に向き合うことになった。史料の中から幾つかを取り上げて状況を書いてみた。困惑し困窮する村人が多くいた。そのことを書いておきたいと思った。「日露戦争出征日誌」は、明治の日本が、大国ロシアと戦った戦争に野戦重砲兵として出征した農村の一青年の日誌である。

戦場の日々を手帳に鉛筆書きで残し、無事帰還した後、あらためて清書したものである。事実をそのまま飾ることなく書き残していることは、彼にとって終生忘れ得ない出来事であったと思われる。数少ない記録である。

この度、長年お付き合いのある鉱脈社さんに出版をお願いして本にした。本県の出版界に大きな貢献をしてこられた鉱脈社さんが、出版の労を執ってくださったことにあらためて感謝する次第である。

令和元年八月

甲斐　亮典

目次

宮崎発掘　史話四題

史話一　二つの敵討《かたきうち》

はじめに――「佐土原藩譜」のこと

本章に述べる二件の敵討は、「佐土原藩譜」に記された事件である。「佐土原藩譜」は、旧佐土原藩の史料である。県立図書館によって、平成九年度から三カ年計画で刊行された。原本は複数伝わっていて、「島津家本」は巻之十四（慶応三〈一八六七〉年十月まで）、桑原本は巻之十一（明治四〈一八七一〉年七月まで）となっている。県立図書館が刊行したものは、「島津家本」を底本とし巻十四までを収録している。

著者は、明治初期の佐土原藩の学者として知られている竹下雄一郎である。

彼は弘化元（一八四四）年に生まれた。幼少の頃病気のため身体に不自由をきたしたが、学問によって身を起こそうと勉励し、藩の儒学者児玉平格について学んだ。

明治に入って、旧佐土原藩主島津家の委嘱を受けて「佐土原藩譜」を執筆したと伝えられている。彼は、佐土原藩史の研究に努め業績を残したが、教育者としても名を知られている。昭和十一（一九三六）年九十四歳で逝去した。

※原典は、文語体で書かれているので、読みやすくするため、文体を書きなおした。

一　渡師《わたし》兄弟の敵討

寛政十（一七九八）年六月二十六日

（出典：「佐土原藩譜」巻之十二）

㈠　事件の発端

寛政十年という年は、五月から六月にかけて旱魃《かんばつ》が続いた年で、佐土原藩内の各村々でも雨乞《あまごい》の祈願などが行われていた。六月二十四日、藩内の都於郡《とのこおり》では、弓場に諸士を集めて奉射の修業を行い、神酒を供えて雨乞の祈願祭を行った。その後、諸士に神酒の余滴を賜る席が設けられた。

この地の足軽に田中三左衛門という者がいた。身の丈六尺（一八〇チセン）ほどもある大男で、平素から酒を好み、酔うと乱暴になる悪癖《あくへき》があった。しかも、古流棒術を修めていて腕前も確かな者で、通称「三左」と呼ばれていた。

三左は、奉射祈願の帰途、他家に寄って酒を飲み、さらに渡師休左衛門の家に寄った。あいにく、休左衛門は不在で、病気で休んでいる父の九郎二《くろうじ》が応対した。九郎二は酩酊《めいてい》している三左を見て、神酒を飲みすぎているようだから、日を改めて来るように忠告した。すると三左はこれに激怒《げきど》して、いきなり刀を抜いて九郎二に切り付けた。九郎二の妻の里《さと》が、次の間から跳び出して必死に三左に取り付いたところ、三左は、里を部屋の柱に押しつけた。この弾《はずみ》で三左の刀の先が柱に突き刺さった。三左が刀を引き抜こうとした一瞬、里が刀を奪い取った。酔っている三左は、身をかわそうとして背を向けた。里はその三左の背を切り付けた。里は、逃れようとする三左を追って二打、三打と切り付けた。酔っているとはいえ、刀を持った大男に、敢然《かんぜん》と向かっていった里も、さすがに武家の妻女というべきである。

この時、九郎二は五十九歳、里は五十六歳であったと伝えられている。

三左は、家を飛び出して屋敷の外に逃れようとして足がもつれ、庭に倒れ伏した。

里は、これを見て大声を上げて隣人を呼んだ。

三左は、また逃れようとして、屋敷の外の藪《やぶ》を抜け、溝を越えようとしたが、路上に倒れた。里はさらに追い付いて刀を取り直して、切り付けようとしたが、息子二人の帰宅を待って討ち果たそうと思い直し、そこで時を待った。

この日、兄の休左は町目付の役目に出ており、弟の休兵も所用で外に出ていたが、急を聞いて馳せ帰った。兄弟は無残に切られて死んだ父を見て、悲憤慷慨《ひふんこうがい》したが、酒乱の挙《あげ》くに傷を負い倒れている三左を見て、これを討つのは、死体を切るに等しいとして、武士として日を改めて敵討をすることにして三左を帰した。

そしてその日のうちに藩庁に敵討《かたきうち》の願いを出した。

(二) 藩庁の許可

古来、我が国では「父の敵は倶《とも》に天を戴かず」とし、このことを「不倶戴天《ふぐたいてん》の敵」というようになった。武士の時代になると「君父の敵は、倶に天を戴かず」とし、主君の敵を許さずというようになった。赤穂浪士が吉良上野介を討つのは、このことである。

敵討は、死に対して死を以て報いること、復讐《ふくしゅう》である。

江戸時代の中頃になると、祖父母、父母、伯父叔父、主人、師、友人の敵討まで許されるようになったといわれている。この時代、武士は、敵討は藩主に願い出て許可をもらう。藩では、敵討を願い出て許されれば、公務は休職となった。そして藩の公簿に記載される。藩士の敵討は、公然のこととなって、敵討の場が設定され、藩の検使《けんし》(検分役)まで来ることになるのである。

藩庁では渡師兄弟の敵討の願は当然のこととして許可された。そして、敵討は、六月二十六日に行われることになった。

その前日、すなわち、六月二十五日に、藩庁から検使が来て両家に上意《じょうい》を通告した。両家では親族一同を呼び集めて、上意を承った。

その要旨は次のような内容であった。

「田中三左衛門の酒乱の所業《しょぎょう》は、重々不届至極《ふとどきしごく》である。罪科に問われるべきところ、渡師兄弟が敵討を願い出たのでこれを許す。敵人《かたき》は、近親の者とて助太刀《すけだち》は一切無用。以後双方遺恨《そうほういこん》を含むことは相成らず」と。

敵討の場所は、田中三左衛門の屋敷とし、その日のうちに屋敷は、二重の竹垣が作られて屋敷が囲まれた。

事件が起こって届け出たのは、六月二十四日、藩庁から検使が来て敵討の許可を伝えたのは翌二十五日、敵討の日は二十六日、まさしく即決であった。

渡師兄弟の家では、気丈な母の里が、自分も敵討に加わると言ったが、兄弟はようやくなだめて控えさせた。

弟の休兵は、武蔵流の剣術家・田上八郎兵衛の門人で、剣法にも優れていた。師匠の八郎兵衛は、事変を聞いて休兵を呼び、真剣で立ち会う剣術の極意《ごくい》を説いて励ました。

一方、田中三左衛門は、家で里に切り付けられた傷を養生《ようじょう》していたが、兄の伝兵衛が来て、次のような対策を執ることにした。

すなわち、敵討の当日、未だ傷が重いように見せかけ、刀を割鞘《わりさや》にして立ち会う。割鞘とは、刀の鞘をあらかじめ割っておいて、鞘のまま切りつければ、鞘が割れてそのまま真剣になるというものである。相手を油断させておいて、とっさに切り付ければ先手をとることができる。弟の休兵を先にこの策で倒し、兄の休左独りが相手となれば討つことはたやすいというのである。割鞘は、真剣勝負では、卑怯《ひきょう》な策であるが、討つか討たれるかの勝負では、勝つための策として執るほかはないと考えたのである。

㈢ 敵討

明けて二十六日、敵討の当日となった。

敵討の噂《うわさ》を聞いて、近隣近郷《きんりんきんごう》から見物しようとする者が何百人も集まって来た。渡師兄弟の側には、助太刀する者が三十四人も集まり、兄弟の後《うしろ》に控えた。

兄弟は先ず進み出て「親の敵、三左衛門　いざ勝負」と呼びかけた。

三左は、傷が重く弱っているように見せかけていたが、「おう」と飛び出して飛鳥《ひちょう》の如く休兵めがけて切り付けた。しかし、休兵も手錬《しゅれん》の者、とっさに刀を抜いて受けながし、返す刀で三左の首を払ったが、浅手《あさで》を負わせただけであった。休兵は肩先に二、三寸ばかり傷を負った。休兵も三左も最初の打ち合いで傷を負いながら、双方とも相ゆずらず、電光の如く打ち合いが続いた。

兄の休左は、三左の脇に構えて機をうかがっていたが、一瞬の隙《すき》をついて横から後に回り、三左の脇腹を切った。三左がひるんだところに、休兵が跳び上がって三左の肩に一撃を浴びせた。するとその時、助太刀に控えていた山伏某《やまぶしぼう》が我慢しかねたように大太刀を抜いて「冥土《めいど》の餞別《せんべつ》に一太刀参らせん」と三左の背中を縦に切り付けた。三左は堪《こら》えかねて倒れた。休兵がすかさず跳び込んで首を討ち落とした。

そして大音声《だいおんじょう》に「田中三左衛門　ただ今討留《うちと》め候《そうろう》」と呼ばわった。

この敵討を見物しようと集まっていた数百人の群衆は、固唾《かたず》を呑《の》んで見守っていたが、休兵が敵の首を討った瞬間は、おそらく余りの惨劇《さんげき》に声も出なかったのではないだろうか。しかし、休兵の音声を聞くと、いっせいに「見事、見事」と褒めそやした。

討たれた三左は、妻と七歳の娘、生後二十日あまりの乳飲み子がいた。妻は気質《きしつ》静温《せいおん》な女性で、常々夫の大酒を案じて錬言《れんげん》していたが、三左は、聞き入れなかった。

三左は敵討の前夜、妻に深く詫びた。「日頃から酒を戒《いまし》めてくれたが、我は聞き入れなかった。そして今日の禍《わざわい》を起こしてしまった。今さら後悔するとも及ばず。許してくれ」と深く詫び、「今夜のうちに家を出でよ」と告げたという。

しかし、妻は、この時にいたって、夫を見捨てることができようかと涙して答えたということである。夫が討たれるのを見届けるという妻の心情は、いかばかり残酷なものであったろうか。

休左と休兵の兄弟は、検使に篤《あつ》く礼を述べ、休兵は肩先から流れる血を襷《たすき》で巻留《まきとめ》、敵の首を抱えて立ち去ろうとした。討たれた三左の親族は、首を亡父の霊前に供えた後に、遺族に還してほしいと乞うたという。渡師兄弟は承知した。

㈣　その後

兄弟は直ちに菩提寺《ぼだいじ》に至り、三左の首を亡父・九郎二の墓前に供えて慰霊した。「ただ今、田中三左衛門を討ちとめ候。願くば亡父の尊霊、無念を晴れさせ給え」と人にかたるが如く唱えて、涙を流したということである。

慰霊を終わると兄弟は家に帰ったが、休兵は、首を三左の遺族に渡すべく直ぐに彼の家に行こうとした。渡師家に集まっていた一同は、「わざわざ首を届けることがあろうか。若《も》し彼の家に遺恨を含む者がおれば、何が起こるかわからぬ」と止めた。休兵は笑って答えた。

「今行って首を渡すのに、再び争う者はいないだろう。持参して与えることこそ武士の情けである」と。

人々は休兵の一言に感じ入って黙った。

休左・休兵の兄弟は事終わって一部始終《いちぶしじゅう》を母に語って聞かせ、母を慰めた。母の里は、ただ涙して聞くのみであったという。感極《かんきわ》まる心境であった。

藩庁では、渡師兄弟の身分を歩行《ほこう》から、中小姓《ちゅうこしょう》に格上げして、城下に屋敷を与えて居住させ、新地五石を与えた。母の里にも別に一口糧《こうりょう》（一人一年分の米）を与えた。見事に敵討を果たしたことに対する褒賞である。

他方、田中三左衛門の家は、欠所（取りつぶし）となり、家財とも没収された。

その遺族は、本庄の実家に引き取られたというが、その後のことは伝わっていない。

二　江藤甚七の敵討

安永二年（一七七三）十二月二十日
（出典：「佐土原藩譜」巻之十一）

㈠　事件の発端

安永二（一七七三）年は、渡師兄弟の敵討が行われた年より、二十五年前のことである。江戸幕府では、この前年に田沼意次《おきつぐ》が老中になっていた。

佐土原藩内の三納《みのう》に足軽で江藤甚七という者がいた。この年は藩主・久柄《ひさもと》は江戸幕府への参勤交代の年で、三月一日に佐土原城下を発ち、四月二十八日に江戸に着いていた。甚七は、この参勤の供をしており江戸勤めとなっていた。

この留守中のことで月日がはっきりしていないが、ある夜のこと、甚七の父・七右衛門が自宅でくつろいでいたところ、夜中に庭の外から何者かが七右衛門に向けて銃を発砲し、七右衛門は死亡した。

この事件については、状況が全くわからず謎の殺人事件となった。

残された七右衛門の妻は、全く何をしてよいかわからず、悲しみに暮れていたが、とにかく、甚七に江戸から急いで帰宅してもらう他はなかった。

藩庁の許しを得て、急ぎ江戸に知らせ甚七を帰国させることにした。

当時の江戸と日向佐土原は、片道四十日の旅である。当時の里程でいうと、

　佐土原～細島～大坂　百九十　里（細島～大坂間　船）
　大坂～伏見　　　　　　十　里（大坂～伏見間　船）
　伏見～江戸　　　　百二十六里（東海道　　徒歩）

といわれていて、海陸合わせて約三百三十里（約一三二〇キロ）の里程である。

甚七は、知らせを聞いて大急ぎで帰国したが、それでも事件発生後二カ月以上経ていた。甚七の顔を見ると、母は泣いて事件の詳細を語ったが、事件については、目撃者も無く事情を知っている者も居らず、探索の手がかりは、全く摑《つか》むことができなかった。途方に暮れるとは、まさしくこのことであった。甚七も母も重い心を抱きながら日々を過ごすのみであった。

そのような日々を過ごしていたある日のこと、村の住民の杉田金太郎という者が、ある出来事を伝えてきた。その出来事とは、次のようなことである。

金太郎が、過日（六月五日）酒屋の清蔵の店に寄っていたところ、米良の寒川の住人で、

中武繁右衛門という者と一緒になった。同席して、酒を飲んでいるうちに、繁右衛門は、金太郎が金を持っていることに気付き、「金を貸せ」と言い始めた。

金太郎は、固く断っていたが、繁右衛門は、酔うほどにしつこく迫り、「借せ」、「貸さぬ」の押し問答になった。

繁右衛門は、遂に暴力を以て金太郎に迫り、店内に緊張が走った。傍らにいた黒木長次という者が見兼ねて金太郎を助け、持っていた竹杖で繁右衛門を打った。

繁右衛門は、逃れて店の外に出たが、よろけて道脇の溝に落ちた。

長次は、そのまま帰宅した。

繁右衛門は、溝から這い上がると、再び店に来て金太郎に向かい、次のように言った。

「俺は、お前ら如き者に抑えられる者ではない。今日は酔っていたので倒れたが、若しも山に来たならば七右衛門のように、俺の手先道具で討ち果たしてやる」と。

甚七は、金太郎からこのことを聞き、「さては米良寒川の住人・中武繁右衛門という者が、父の敵であるに相違ない」と思うようになった。

ただ、甚七には、父・七右衛門が如何なる事由《じゆう》で繁右衛門に命を狙《ねら》われ、鉄砲で闇討ちされるにいたったかは不明であった。おそらく、偶然の機会に繁右衛門との間に何らかの出来事が起こり、繁右衛門の恨みを買っていたのかも知れない。

しかし、甚七にとっては、もはやそのような事由など問う必要は無かった。暗夜に屋敷に忍び込んで父を撃った卑怯者《ひきょうもの》が、繁右衛門という米良山中の者とわかっただけで十分であった。今や一日も早くその敵《かたき》を探し出して、討ち果たさなければならないという気持ちに駆《か》られていた。

その日から甚七は身をやつして、旅人の如く装い、佐土原から穂北を経て米良山中の村々の間を往来し、敵の中武繁右衛門を探し求めた。

しかし、甚七は、繁右衛門の顔など全く知らない。敵の顔をも知らず、我が身をも明《あきら》かにしないまま、父の敵を探索《たんさく》するという、まさに暗中模索の困難な日々を送ることになった。

(二) 敵討

困難な日々は続いた。繁右衛門の情報を得てから、はやくも半年が過ぎようとしていた。甚七の苦労もむなしく過ぎ、憔悴《しょうすい》しながら時は過ぎるのであった。

やがて年も暮れかかる十二月も下旬に入ろうとする頃、繁右衛門が、十二月二十日に領内の図師某の家に訪ねて来るらしいということがわかった。

甚七は、我が意天に通ずの思いがあったが、相手に悟られないよう密《ひそ》かに動かねばならない。身内と密かに連絡をとりながら、時を待った。

やがてその日が来た。甚七は、弟、従弟、助太刀の者と共に、繁右衛門を図師家に続く坂道の下に待ちうけた。

そのような事情を少しも知らぬ繁右衛門が、予定の場所に現れた。甚七等はさっと飛び出して繁右衛門を取り囲み、「汝は繁右衛門か」と尋問した。疑いなく敵の繁右衛門であった。

甚七は自らを名乗り、「汝は我が父の敵なり、覚悟せよ」と言うと、繁右衛門も心得たりとばかり身構えた。緊張があたりに漲《みなぎ》った。

甚七は、すかさず踏み込んで、杖で繁右衛門の膝を打った。繁右衛門はたまらずその場にどうと倒れた。

甚七等は、そこで繁右衛門に縄《なわ》を打ち、引き立てて自宅に向かったが、途中で郷の噯《あつかい》役（佐土原藩領内の郷の行政責任者）の家に立ち寄り、事情を説明して届け出た。

繁右衛門は、最早逃れ得ぬと思ったのか、引き立てられながら、甚七等に向かって悪《あく》口雑言《こうぞうごん》を吐き続けた。

さすがに甚七等もこのような状態に勘忍袋《かんにんぶくろ》の緒が切れて、上命《じょうめい》を待つことができず、遂に繁右衛門を曳《ひ》き倒した。

甚七が飛び込んでその首を討ち、弟の雨田鉄蔵と従弟の中村覚左衛門がその腕を切り落とした。

繁右衛門は、常日頃から敵の多い男であったらしく、事に備えて常に石つぶてを懐《ふところ》に入れていたというが、この日は役に立てようもなかった。

(三) その後

当時の米良地方は、相良藩（人吉）の支配地となっていたので、この一件では、相良藩と佐土原藩との間で、行政上の文書のやり取りがあったが、事情が明白であったので、事後処理は面倒もなく無事に終了した。

この年、藩主・久柄《ひさもと》公は江戸在勤であったが、翌年四月に帰国した。そして、この敵討のことを知り、甚七を召し出して、城下士の身分に列し、城下に屋敷を与えた。

あとがき

「佐土原藩譜」巻之十一、十二に収録されているこの二件の敵討については、かなり詳しく記述されている。竹下雄一郎が、藩譜の編纂にあたっていた明治初期の頃には、この事件については、記録だけでなく、村の古老にも語り継がれていることがあったのであろう。

敵討は、古くからあったが、江戸時代になると多くの記録が残されるようになった。忠義・孝行を讃える封建時代の倫理観から、武士の社会で多発したといわれている。菊池寛の『恩讐の彼方に』や『ある敵討の話』、森鴎外の『護持院ヶ原の敵討』などは、小説化された敵討の話であるが、読んだ方も多いのではないかと思う。敵討は、演劇や文学の世界でも、大いにもてはやされてきた傾向にある。

昭和五十年に秋田書店から刊行された『日本仇討百選』（稲垣史生箸）という本がある。敵討百件について、年月日、場所、関係者、仇討ちに要した年月などを記している。

江戸時代には、農民の間でも敵討が流行し「百姓敵討」と呼ばれたという。

日本最後の敵討は、明治三十八（一九〇五）年であったという（稲垣史生による）。千葉県の成田鉄三郎という者が、母の敵を討った。この事件は、鉄三郎が日露戦争出征中に、雇い人の新吉という者が、鉄三郎の母に金の無心をして断られたのに腹を立て、鉄三郎の母を殺してしまったというもので、鉄三郎は、戦後帰宅してこのことを知り、新吉を殺して自ら警察署に名乗り出た。

鉄三郎は、旅順攻撃で手柄をたて、金鵄勲章《きんしくんしょう》をもらったほどの兵士であったという。懲役十二年の刑を受けたと伝えられている。

『国史大事典』（吉川弘文館発行　全十五巻・十七冊）には、「敵討」の項があり、敵討の事例約百九件が収録されているが、佐土原藩の敵討二件は、含まれていない。

明治政府は、明治元（一八六八）年の「暫定法規」では従来の仇討を公認していた。新政府の法秩序が確立されるまでの「仮刑律」であった。明治六年、司法卿・江藤新平によって「仇討ち禁止令」が出されて、漸《ようや》く国家の法秩序の中に取り込みが図られた。

江藤新平は、明治新政府の中で、司法制度の整備に努めたが、明治六年十月の政変によって政府を去り、翌年二月、反政府反乱（佐賀の乱）を起こして捕えられ、自分が司法卿として制定した刑法によって処刑（斬首の刑）されるという結果になった。

史話二　ペリーが食べた日本料理

はじめに——史料について

この原稿は、平成八年五月一日宮崎県立図書館発行の「緑陰通信」第一七七号に掲載されたものである。たまたまこの時期に、個人所有の古記録の解読を依頼され、その中にこの資料があった。

所有者の了解を得て、料理献立の記述を利用させていただき、後掲の文献とも照合して原稿にした。なお「ペリー来航」については『神奈川県史』『横浜市史』が詳しい。

一　ペリーの来航と開国

嘉永六（一八五三）年、ペリーの来航によって始まる「開国」は、我が国近代の幕開けとなる重要な出来事である。

ペリーが江戸幕府に上呈したフィルモア米大統領の国書には、

「……貴政府の古き法律によれば、支那と阿蘭陀とに非ざれば外国貿易を許さざることを余等は知れり。されど世界の状態は変化して、数多の新政府が形成されたれば、時勢に応じて新法を定むること賢明とするがごとし。貴政府の古き法律が始めて制定されたるは、過去のことなり……」として時勢を説いている。

また、「……余が強力なる艦隊をもってペルリ提督を派遣し、陛下の有名なる江戸市を訪問せしめたる唯一の目的は次の如し。即ち友交、通商、石炭と食糧の供給及び難破民の保護これなり……」とも言っている（『ペルリ提督日本遠征記』岩波文庫）。

同年六月三日、江戸湾に現れたペリー艦隊は、江戸幕府の「ぶらかし」応対（のらりくらりと応対して相手の意図を逸らす）に、じりじりとしながらも、ペリー艦隊の威力を充分に見せ付け、再度の来訪を予告して六月十二日、江戸湾を出て香港に向かった。

翌年（一八五四年）一月十六日、ペリー艦隊は再び江戸湾に現れ、二月十日から江戸幕府との交渉が始まった。そして三月三日に「日米和親条約」が締結された。

二　ペリー艦隊への饗応

この間、二月十日には、ペリーが「条約館」と呼んだ、にわか造りの建物の中で、最初の応接が行われ、会議の後で日本料理の饗応が行われた。

この時にどんな料理が出されたのであろうか。ペリーの『日本遠征記』は、交渉やその経過を詳しく記しているけれども、饗応された日本料理については、記述が無い。

「嘉永六年六月、亜墨利加船渡来ニ付聞書並長崎表魯西亜船渡来之一件、同七年正月、同渡来ニ付滞船中諸方注進事」という史料（宮崎市内個人所蔵）に、料理のことが詳しく書かれているので、その一部を紹介する。

なお右の「同七年正月」は、嘉永七（一八五四）年正月のことである。この年は十一月二十七日から元号が安政に改まっている。


「……二月十日横浜において応接之節異人江被下候御料理御献立左之通」
一、長のし　　敷紙三方
一、吸　物　　鯛ひれ肉
一、盃　　内曇り土器　二組
一、銚子
一、中皿　　は満ち魚肉　青山椒

一、猪口

唐草かれ以　防風（セリの一種）

わさび絲（絲は千切カ）　松葉するめ　結昆布

献立

吸物　味噌　花子巻鯛　篠大根　粉山椒

紅輪蒲鉾（ちくわ、かまぼこ、伊達巻すし）

九年母　絲昆布　鶴羽盛　河茸絲

花形長芋

すまし吸物　ささい（さざえカ）　鞍掛平貝　ふきの薹《とう》

ふた煮　甘煮　車海老　抽銀杏　粒松露　眼打白煮

しのうと（うど）

鶏卵葛引　肉寄串子　むつ魚小葉

大平　生椎茸　細引人参　火取根芋　露山葵

鉢肴　鯛筏　友身二色むし　風干ほうぼう

自然生土佐煮　花菜　土佐からし漬（酢取生）

茶碗　鴨大身　竹の子　茗荷茸糸

差身　平目つくり身　巻の大作り　鯛小川巻
若紫蘇　生のり　花山葵（わさび）

猪口　土佐醤油　いり酒　辛子味噌

二汁五菜

本膳

袮り作り　鮑笹作り　糸赤貝　白髪大根　※袮り～練り

鱠　白髪大根　塩椎茸　栗　生姜

葉付金柑

汁　東摘入　布袋えのし　千鳥牛蒡
二葉紫　花うと芽

香もの　奈良漬瓜　味噌漬茸　しの巻葉
花しは　房山椒

煮物　六ツ魚花子　煎子豆腐　花葉

二の膳……（省略）

このような料理は、本膳に準備されたもので、当時としては最高級の料理であったと思われる。二の膳にも、汁、吸い物、肴、飯鉢が付いている。

『大日本史料~幕末外交関係文書之五』によると、この料理は、江戸の百川茂右衛門が請け負い、一人前三両で三百人前が並べられ、控えの料理が別に二百人前用意されたと記されている。三両は、現在で二十五万円から三十万円くらいであろうか。

ペリー提督の一行は、初めて味わう日本料理であったはずだが、彼の『日本遠征記』には、これらの料理については、次のような事務的な記述を書き残しているだけである。

「提督と士官とは、酒や果物と菓子やスープと魚から成る饗応に招かれた。それは直ぐに出された。……日本の高官の一人は、直ぐに酒盃を満たして、少しも残さず飲み乾し、それを伏せながら賓客のために先づ盃をあげるのは、日本の習慣であると語った」と。

ついでながら、この饗応の後半は、『日本遠征記』にどう書かれているか紹介しておきたい。

「さて提督は退出の準備をし、先づ天気が暖かになったら、日本の高官達と艦上でお目にかかりたいと述べた。彼等は、喜んで招きに応じようと鄭重に述べ、お辞儀をして退出した。

協議中、下級のアメリカ士官達は、外側にある大きな広間で茶菓の饗応に預り、江戸から遣はされた日本の絵師が自分達の肖像を描く無作法な努力に興じていた。

今や提督は前と同じく幕僚と士官の行列とを従へて外へ出、軍楽隊の奏楽裡に、両側に並んだ陸戦隊の間を海岸へ行進し、乗艇に乗り込んで、艦へ漕ぎ出した」とある。

三 ペリーが陸揚げした将軍への「贈り物」

ペリーは、友好の印として、江戸幕府に贈り物をした。色々な物があるが、その一部を『日本遠征記』から紹介しておく。

武器一箱
　内訳
ホールス・ライフル銃　五挺
メーナルド小銃　三挺

騎兵軍刀　　十二振
砲兵軍刀　　六挺
騎兵銃　　一挺
軍隊ピストル　　二十挺

騎兵銃、弾薬箱及び弾薬帯各二筒、弾薬筒百二十など
書物一箱、香水一箱、ウィスキー一箱、葡萄酒一樽
望遠鏡一個、電信器二つ、柱時計数個、馬鈴薯八籠
沿岸海図一箱、電池四箱、農具多数、々々

これらの贈物は、数艘の大型ボートで運ばれたという。
これにたいする江戸幕府からの返礼品についても、記載があるので、その一部を紹介しておく。

第一　アメリカ合衆国政府へ
金漆塗硯箱　一個　　金漆塗用紙箱　一個

金漆塗木箱　一個　　　青銅香炉（牛の形）一個
盆　　　　　一組　　　花瓶と台　　　　　一組
花瓶と台　　一組　　　火鉢　　　　　　　二個
紅繍紬　十疋（※日本側記録には、紅羽二重とあり）
白繍紬　十疋（※日本側記録には、紋縮とあり）
花模様縮緬五疋（※日本側記録には、紋縮緬《ちりめん》とあり）
赤染紋縮緬五疋（※日本側記録には、板〆縮緬とあり）
※第一から第二十三まであり、人形や竹細工籠などもある。

【参考文献】

『大日本史料　幕末外国関係文書之五』（東京大学史料編纂所編）
『大日本古文書　幕末外国関係文書一～五』（東京大学史料編纂所編）
『ペリー提督　日本遠征記　二』（岩波文庫）
『神奈川県史　資料編一〇』

史話三　村人たちの西南戦争

一　士族の西南戦争

㈠　明治初期の廃藩置県

明治十（一八七七）年に起こった西南戦争は、その後半に宮崎県が主な戦場となったので、県民は人的、物的に多大の損害を被ることになった。

御一新（明治維新）の後、次々に行われる政治改革も、一村民にとっては、負担の軽減にはならず、新しい国家の多難な前途を思わせる状況が続いた。

明治七年から九年にかけては、佐賀の乱、秋月の乱、萩の乱、敬神党の乱など西日本各地で新政府への反乱が続いた。

明治維新を主導した西郷隆盛が、新政府を去って鹿児島に帰国すると、〝次は鹿児島か〟と懸念する動きも高まっていたのである。

明治四（一八七一）年七月、明治政府は旧藩領に拘らない県の統廃合を行い、北海道を除いて、三府三〇二県とした。さらに同年十一月県の統廃合を行い、三府七二県とし、本県は、美々津県と都城県の二つに分かれた。

明治六（一八七三）年、また県の統廃合が行われて、美々津県と都城県は統合されて、宮崎県が新設された。新置宮崎県である。しかし、佐土原藩を含めて旧鹿児島藩領が、宮崎県の半ば近くを占めていたので、旧鹿児島藩の影響力が強く、新宮崎県の県庁職員の幹部は、鹿児島県出身者で占められていた。これらの事情から、明治九（一八七六）年には、宮崎県は、鹿児島県に統合されるのである。

この時期、旧士族たちも明治新政府の改革に反対する者が多くいて、「不平士族」と呼ばれていた。江戸時代から急激な変動の中で明治新政府が誕生し、新しい施策が次々に出されたが、却って政府への反発も生み出されるような状態であった。

(二) 明治十（一八七七）年二月十二日

西郷隆盛は、彼が創設した私学校党に押されて遂に行動を起こさざるを得なくなった。表向きは「今般、政府に尋問の筋あり……」とし、政府に尋問したいことがあるので、旧兵隊を連れて上京するというものであった。いざ事が起こると、鹿児島県のみならず、九州各県から同調する者が続々と加わり、三万余人になった（一説には、最多時に四万二千人に達したという)。

『宮崎県史(近現代1)』は、日向国内からの党薩隊の総数を七〇一三名としている。これらの隊員は、出身地により、延岡隊、高鍋隊、佐土原隊、飫肥隊、都城隊と呼ばれている。旧武士の者だけでなく、徴募された農兵も半数以上含まれていた。片田舎の日向各地に一大騒動を巻き起こしたということができる。前途のある若者たちが、血気にはやって西郷軍への参加を決意した。高齢の者たちは、慎重であるべきを説いたが、止めることができない状況になっていた。

平部嶠南の『六隣荘日誌』にも、明治十年二月初めに、西郷隆盛の事件が伝わると、飫肥城下でも「鹿児島の一挙」に加わるべしとする者が、飫肥城に参集して、騒然となった様子が、次のように書きとめられている。

「鹿児島ノ変動追追《おいおい》遠近ニ聞エケレハ　壮年勇進ノ徒　我モ我モト馳《はせ》集ル者　陸続《りくぞく》トシテ絶ヘズ　夜分ニ至ルマテ千余人ニ及ヘリ　然レトモ悉ク出張スヘキニ非サレハ　其中ニ於テ百五十余人ヲ撰出シ　出張スヘキニ決シタリト聞ケリ」

「嗚呼《ああ》　舊藩《きゅうはん》廃シテ郡縣トナリ　文武ノ常職モ已《すで》ニ解カレタレハ　難ニ臨《のぞみ》テ身ヲ殺ス意念ナトハ人人絶エテアルマシトコソ思ヒシニ　事ノ善悪ハ姑《しばら》ク之ヲ舍《お》キ士気ノ猶存シ

テ斯クマテ勇ミ立シハ　流石《さすが》二百八十五年ノ間　伊東氏ノ飫肥ヲ治メ玉ヒシ餘習カナ、ト竊《ひそか》ニ感慨ノ心ヲ催セリ」と。

㈢ 永野勇七の西南戦争従軍記（『清武町史　資料編1』より）

※永野勇七は、清武上中野の人。旧藩時代の士族。二十三歳の時、西南戦争に参加し、大正四（一九一五）年六十二歳の時この記録を書き残した。文章には、ひらかな、カタカナが混在している。漢字は、読みやすくするため、ルビを振った。漢字の宛字は（　）で補った。

時是《このとき》明治九年旧十二月二十六日、朝六時ヲ期シ、新町河原上使橋ニ揃、朝八時清武出発ニテ、山ノ口ニ一泊、翌二十七日六時発ニテ鹿児島へ参候時、都城手前ニテ津田貞衛氏ニ出合、一時止マリ。津田貞衛氏ハ旧藩中清武上中野ノ人、明治六年折生迫地頭ニ参リシ人也、氏ハ鹿児島へ取調子《とりしらべ》ノ上帰リ掛《かけ》ノ由、其時ノ話ニ高中（高千穂経由のこと）通りがよいト之事ニテ又新町迄引返シニナリ。同所へ三日滞在、旧正月二日同所出発、高鍋へ一泊、三日同所発ニて美々津へ一泊、四日同所出発ニテ延岡へ一泊、其ヨリ新町（旧七折村）、三田井、豆原（馬見原）、高盛町（高森）迄昼夜一足モ不止《とめず》、同日ハ右高盛町へ一泊、同所ヨリ保田久保へ一泊、同所より熊本城下ニ参り、同日十時頃川尻町ニ参リ約三時休足《きゅうそく》、其より則時《そくじ》ニ同所ヲ火入《ひのいり》（日没）

ニ出立、百官（貫）ヘ翌朝火（陽）ノ出前、同所九時頃出立、山鹿ニ同日午後五時頃着、同夜一泊、同所より戦地鍋田原ニ新（新暦）二月七日より十七日まで滞在、尤《もっとも》其内大勝戦ハ二月十二日同十五日両度ガ大勝戦デシタケレドモ、両度共ニ大勝負《だいしょうぶ》デアリマシタ。同所ヨリ壱里半南、尾坂越ト云フ筑後通り之小道アリ、其峠ニ六日滞在シ、其より田原坂ヤブレタニツイテ同所ヲ立《たち》、梨ノ木原並ニ鳥ノ須村ヲ通リ、石川原ニ台場ヲ築キ、此向《しむこう》五丁斗《ばかり》西ノ方ヘハ七国大明神、大野小町《おののこまち》合社ニテ有マス。其時隊名、寄兵拾八番ト相成候《あいなりそうろう》、其迄隊長ナシニテ候得共《そうらえども》、其所ニテ大岩根又三郎氏ニナリマシタ。

其ヨリ鳥ノ須村之本営ヨリ一小隊ニ付三名ツ、報知役トシテ募集相成、拙者モ其人ニ当リ、加江田村松田勘一、今泉村米良貞畩、右三人同道ニテ本営ニ参リ、一夜宿リテ其朝、米良貞畩氏ヨリ、自分ハ、キンガセキ込デタマラヌカラ、隊長方ヘ御日間《おひま》願ヒ呉候《くれそうろう》様《よう》依頼ニ付、早速私願出候処《ねがいでそうろうところ》、病気ナラバヨロシイトノ事ニテ、同日十一時頃米良氏ハ直ニ帰隊被致候《いたされそうろう》、各隊より集リシ兵隊ハ弐拾七名、同日午后三時頃本営より二ノ三守シ居所ヘヲーエンニ行ケトノ命令ニテ、皆参リ、二ノ三ト云フ訳ハ、二番大隊ノ三番小隊ヲ二ノ三ト云イオリマシタ、元ノ兵数ハ百名、今ノ兵ハ七名也、今ハ元ノ台場ハ敵カラ取ラレテ居リマス、二ノ三ノ隊長ハ鹿児島人金田正武氏ノ命令ニ、明朝火（陽）ノ出ニ、切込ニ行キマスカラ、其時鉄砲ハ入《（要）》リマセン、只刀壱本ニテヨロシ、喇叭《らっぱ》ガナルト直ニ刀ヲヌイテ、頭ノ上ニツカヲアテ、各マエノ出切、刀ノフリ切リニテ、右火《（陽）》ノ出ニ切込ムトノ命令有テ間モ無ク四拾間斗《ばかり》進入、元ノ台場ヲ取返申候《とりかえしもうしそうろう》、其時敵ハ即死拾名、手ヲイ七名、台場ノ控所ニ有テ不都合ニ付、壱町斗北ノイモ畑ノ深ボリニ、拾七名ヲナラベテ土ヲカケテ置キマシタ。

其ヨリ右隊長ノ話シニ明朝二番鳥ノ歌ウ頃ニ、必向《むこう》ヨリカ、リテクルカラ、今晩十二時ヨリ先ハ壱人モ子《ね》ムリテ居ル事ナラントノ命令ニ付、其考《そのかんがえ》ニテ皆兵士ハ居リマシタ。取返シタル元ノ台場ハ取ノ須原《（鳥ノ巣原）》、アキタワラニ土ヲ入レ、横巾《よこはば》壱丈位ノ瀬戸道ニ五尺位高サ積重タル台場デス。

其台場迄秘密ニ進入、其晩、朝四時頃喇叭ナルト直ニ四拾余名ノ敵兵ヤーヤーヤーヤート大声ヲ立、又台場脇ニ居リシ兵ハ立上リ、下ヲ向イテ突ク時カラヤーヤーヤート云フ音ノ勇マシサ、時追々ト東ガ白クナリマシタ。

敵居リタル方見レバ頭上ル者アリ、又ビキノヨウニソロ〳〵ハウ者モアリ、ハウ者カラ先ニウツ事デシタ、皆スミマシテカラ私者《（は）》スナイドル銃壱丁、銅《（どう）》ジメ一ツ取リマシタ。其時皆デスナイドル銃三十八丁、弾薬三箱取リマシタ。其時、適《（敵）》則死《（即死）》手オイ四拾名デアリマシタ。味方ハ、半隊長壱名、分隊長壱名、兵士三名ノ内、松田勘一氏ハ片《（肩）》ヲウタレテ病院ニ送ラレマシタ。其ヨリ私者《（は）》知人壱名モ無ク、二ノ三ノ隊ニ長ク付イテ居リマシタ。其ヨリ五日目、川尻ガヤブレマシタニ付テ植木ノ方モ皆退布《（たいきゃく）》シテ味方ハ見《（御）》船ノ方ニカマエマシタ。私ハ其時二ノ三隊ヲハ紛レマシテ、我隊ニ帰ロフト思フテ大津ノ方ニト云フ事デスカラ行キマシタ。処ガ其処ニハ本隊ハ居リマセズ、阿ノ隊ハ大津ヨリ壱里三合斗《ばかり》、南ノ岩坂村ト云フ事デスカラ、其処ニ久シウブリニ自分ノ隊ニ入リマシタ。其所ニ六日滞在、其ヨリ育屋敷ト云ウ所ニ参リ候得ハ、給養《（給与）》方ノ依頼ニ付、長二尺五寸、巾八寸ノ弾薬箱、湯ノ前迄七里、兵士四人間ニ壱箱ツ、貫目拾弐三貫位、是非共持届呉トノ事ニテ、不止得《やむをえず》受合マシタ、自分荷物ハ平生刀壱本、鉄砲壱丁、百五拾発入ノ銅《（胴）》乱壱掛、ワラジ三束《（足）》、ニギリ養《（飯）》二ツ、其ヲ皆四人分壱所ニ集テ二人持、右箱二人持、山道ナキ所モ有マシタ。其翌日午後三時右湯前ニ着ス、片《（肩）》ノ皮モハゲマシタケレ共、只壱銭モ不渡《わたらず》、大迷惑デアリマシタ。

其時、飫肥ノ小倉正平《（処平）》氏ハ道脇左川《（側）》ニテ手紙書ノ細《（最）》中でアリマシタ。其ヨリ同村へ拾壱日滞在、其ヨリ山毛《（山陰）》通テ美々津ニ出、細島ニ三日滞在、其ヨリ宮崎ニ参リマシタ。其ノ時ノ兵士連中ノ道早サハ実ニ感心、美々津ヨリ宮崎迄ハカケ足、其ヨリ宮崎ニ十一日滞在、其ヨリ高鍋ニ一泊、次ハ富高ニ一泊、其ヨリ延岡ニ一泊、其ヨリ熊田ニ一泊、其ヨリ下若《(赤)》ヲ越エテ豊後ノ三国峠旗返ノ道ヲ居《(降)》リ、時ニ私ト今泉ノ黒井初二君、須田木ノ和田仙次郎君、右三名、本営ヨリ出頭候様《しゅっとうそうろうよう》御用申来候《もうしきたりそうろう》ニ付、早速出頭致候得者《いたしそうらえは》、延岡より農兵六拾名参りテヲルカラ、其ヲ壱人デ弐拾名ツ、引テ呉《く》レイト本営より之命令、寄兵二拾二番カ、楠木高山《(鉱山)》ト云フ銅山之入テ居所ニ居ルカラ其所ニ参レトノ事ニ付、行キマシタ。同所ニ六日滞在、其ヨリ下若《(あか)》ノ南ノ高山矢立峠ト云フ所ニ二十日約《(ばかり)》居リマシタ。其ヨリ幸神盛ト申処ニ行キマシタ。

同所ニ約八日滞在、其ヨリ自分之隊ハ延岡ニ居リマシタカラ帰隊シマシタ。同所ニ於イテ旧七月十二日朝七時頃降伏シマシテ、宮崎ニ送ラレマシテ、明治十年旧七月十四日(新暦八月二十二日)午后二時頃無事帰宅ス、自分ハ此年弐拾参歳也。

大正四年四月六日　永野勇七

年六拾弐歳記之

㈣　西郷軍に参加して戦死した村民の招魂碑

西郷軍に清武郷から加わった旧士族の人数は、正確にはわかっていないが、関係史料

（『湯地平生三伝《つねぞう》』）によると二一七名とある。その中で戦死者は三十四名であった。

明治十二（一八七九）年十一月、清武郷の村人たちは、西南戦争戦死者の三年忌にあたり、中野神社の東側の土地に、招魂碑を建てた。

その碑文には、簡潔ながら村人たちが戦死者の遺骨を戦跡の地に探して村に持ち帰り、村の墓地に葬ったことが記されている。そのための経費は、村人が相談して、各戸ごとに二十銭を拠出した。現金を拠出できない村人もいた。しかし、現金を出せない人は穀物を出して協賛した。当時の米一升の値段は、六銭くらいであった。

招魂碑の碑文には、村人たちの死者を悼む心が込められている。

招魂碑　碑文

明治十年西南之亂清武士民應西郷隆盛戦死尓
各地者三十四人皆葬尓其地明年四月挙遺骸帰
各改葬尓其先塋之次而力不能弁者亦多矣郷人
相談戸出金二十銭如穀若干築場建碑招魂於此
以為歳時尊拝之所其父母妻子庶幾有少慰追悼

之情矣　明治十二年十一月　平島直之誌

（碑文の読み下し）

明治十年西南の乱　清武の士民　西郷隆盛に応じ各地に戦死する者三十四人　皆其の地に葬る　明くる年四月　遺骨をあげて帰す

※戦死した場所に葬られていた

各　其の先塋《せんえい》に之を改葬す

※先塋……先祖代々の墓地

而して弁ずるに力能《あた》わざる者亦多し

※先塋に改葬できない者もあるので招魂碑を建て全体を供養した

郷人相談して戸ごとに二十銭を出金

※若干は穀物を出して負担した

若干《じゃっかん》は穀の如し築場して碑を建てここに招魂《しょうこん》す

以為《おもえらく》歳時に尊拝の所　其の父母妻子を

※命日に尊拝できれば慰められる

少しは慰め追悼《ついとう》の情有らんを庶幾《こいねがう》

※招魂碑が慰めになることを心から願う

西郷軍に参加することを止めようとする人々もいたが、燃え上がった火炎のような興奮を抑えることができなかった。日向各地から出兵した兵員は、それぞれ旧藩の隊名を掲げ、延岡隊、佐土原隊、高鍋隊、飫肥隊、都城隊と呼ばれている。

彼等の中には、旧藩校で学んだ優れた若者たちが多くいた。戦死者は九六九名（県史前掲）とされている。後の近代宮崎県を支えたであろう多くの俊英を、このような内戦で失ったことは如何にも残念なことであった。

遺族たちの悲しみは如何ばかりであったろうか、招魂碑には想いが込められている。

二　村人たちの西南戦争

㈠　西郷軍の宮崎入り

熊本城攻囲戦に敗れた西郷軍は、一時、人吉に籠もったが、五月下旬に宮崎に入り、軍政を敷いた。桐野利秋が宮崎支庁（明治九〈一八七六〉年八月二十一日、宮崎県は鹿児島県に合併されていたので、県庁は鹿児島県支庁となっていた）を西郷軍の軍務所とし、公金を没収したり、軍資金を調達するため西郷札を発行したり、兵員補充のため募兵を行ったりした。『瓜生野・倉岡郷土史』一五三ページにその模様を伝えた村事務所の記事がある。

「五月二十一日晴、戸長出席…中略…桐野利秋当地へ来着ノ由。二十二日晴、戸長並ニ吉松氏同道ニテ扱所へ出頭、尤モ桐野少将ヨリ募兵一條ノコト。午前三時引取……」

同郷土史に当時大瀬村の保長（明治初期の村行政の役職。戸長・保長・伍長を置いた。戸長は村長に当たる）黒木平作（当時三十二歳）の「大いくさ日記帳」に、「旧四月十四日（新暦五月十五日）……いくさにあたりていかぬとが、富永藤作、日高畩十、湯地武作、井上末吉、〆《しめて》四人は金拾円づつ出していかずにすみ」とある。当時の拾円は大金で、白米壱石（一五〇キロ）が買えてお釣りがくるくらいであった。

さらにこの日記帳によれば、「銅、鉛、鍋地金《なべじがね》のるいのこらず取上げ」、「鋤先《すきさき》まで没収」したという。大切な農具の鋤先まで取り上げていったのである。この他に酒、味噌、米なども徴収していった。西郷軍はすでに日向国内を敗走する直前で、もはや略奪に近い状態であった。

やがて七月二十九日、都城方面から政府軍が宮崎地区に攻め入り、西郷軍は北に向かって敗走した。敗走の途中、町を焼いていったので、佐土原では罹災家屋二十七軒、高鍋でも市中の二十七、八軒を焼いた。
西郷軍が通過した後は、荒れ地のようになって、ヒメジョーンが生えたので、土地の人たちは、この野草を「西郷草」「荒れ地野菊」などと呼んだという。

㈡　西郷軍の通過

西南戦争時に児湯郡都農神社の神主であった永友司は、「明治十年戦争日記」を残しており、当時の情勢を知る貴重な史料となっている。
その中から、『宮崎県史　通史編1』に掲載されているところを引用させていただく（西郷軍の動静に関するところのみを抜き出す）。

二月十二日　晴　高鍋にては鹿児島陸軍大将西郷隆盛そのほか大勢、東京政府へ尋問の筋あり、発路につき十五歳より四〇歳まで一統勢揃いあるにつき、都農区中で、小銃所持の者は当扱所へ持参申すべく触れあり。

二月二十日　晴　飫肥兵隊三〇〇名程、肥後口まで出張の由で、銃を持参、刀を帯して当所を通行す。　※西郷軍が熊本に向かったので、高千穂経由で熊本に向かった。

三月五日　晴　高鍋にては荷物を片附けて田舎々々へ預け、味噌、醤油類は家の隅に穴を掘り埋める。
※奪われないように隠したのである。

三月二十三日　晴　豊後口・田原坂戦いの手負人多く通る。高鍋出兵の内、渡辺武平は深手で途中にて死す。
※負傷者を送り返してきた。

四月二十三日　晴　鹿児島の手負い人足四〇〇人、馬一〇〇疋の手当。

五月十日　雨　先日より鹿児島勢が山手より船にて美々津へ下り、およそ三〇〇〇人程がそれより細島へ繰り込むとなり、美々津にては大騒ぎにて、老人、子供はみな田舎ににげ去り、荷物など運び、此方などもそろそろ荷物など田舎山元へ運び候よし。

六月十六日　晴　下も各区の農兵交じり通る。
※下＝上町、下町の意か。

七月三十一日　晴　西郷隆盛が、枡屋に一泊、これまで止宿の者は、皆脇宿に移し、かや毛の犬二匹、篭は渋紙包みにて、玄関より直ちに上の間の床脇まで舁入《かゆぎい》れ両脇には兵士二〇人程列座、通い口には屏風を立て、一向人に姿を見せず、是が正真の西郷なるやは知れず、兼ねて西郷は犬を愛せると聞き及びけるにや、西郷ならんと推したるなり。

㈢ 各地の民衆の損害

［その一］

西南戦争の終末段階では、西郷軍は長井村（現延岡市北川町）の俵野に包囲された。この時点での西郷軍は、三千余人とされていた。延岡市の北に位置し、大分県と境を接するこの狭い農村に、三千余の武装した集団が居座ったのである。

政府軍は、船舶の出入りに便利な細島港を補給基地とし、総力を延岡以北に展開して西郷軍を厳重に包囲した。その総数は四万以上であったと思われる。

包囲陣を敷いた四万余の政府軍を何週間も維持するには、莫大な補給が必要になる。補給基地となった細島地区には、数万人の労役に従事する人々が集められ、港からの荷揚げ、馬車や荷車などによる輸送に従事した。

細島・富高には、にわかに増大した数万の労働者を受け入れる施設はできていなかった。水場や仮設トイレなども間にあわなかった。地区の衛生状態は、急激に悪化して環境問題は危機に瀕したのである。

この状態を憂えた「富高新町、細島間の掃除方につき達《たっし》」という公文書が残されている。以下『宮崎県史　史料編 近・現代2』から引用する（読みやすくするためかなを付した）。

富高新町・細島間掃除方につき達《たっし》

別紙写之通、軍医部より申立有之候処《もうしたてこれありそうろうところ》、病気流行致候様にてハ不容易儀《ふよういのぎ》ニ付、至急掃除方行届候様可取計《いきとどきそうろうようとりはからうべく》、此旨相達候事《あいたっしそうろうこと》

八月廿三日　　征討総督本営

富高新町

鹿児島県出張所

追而本文之趣ハ先ツ細島より着手候儀ト可相心得事《あいこころえべきこと》

この通達には、次のような別紙が付されている。

〔別紙〕

富高新町、細島之両所従来狭隘之地《きょうあいのち》ニシテ、且方今数万ノ人夫湊集候《みなとにあつまりそうろう》ニ付汚穢《おえ》之物《のもの》道路ニ散布ス、右両所ニハ病室ヲ設ケ患者を置キ候処、往々熱病痢病等ニ罹《かか》り候

者不尠《すくなからず》、殊ニ軍夫ニ多分有之《たぶんこれあり》、此上流行等相成候テハ只屯在軍人ノ困苦ノミナラズ、之ガ為メ軍夫ノ用ヲ欠キ、終ニ運輸ノ弁ヲ失ヒ可申苦慮候間《くりょもうすべくそうろうあいだ》、清潔之掃除行届候様《そうじいきとどき》、其筋へ御達相成度、此段相伺候也

明治十年八月廿三日　征討軍団軍医部副長

陸軍一等軍医正　三浦　煥

征討総督本営御中

征討総督の本営に実情を訴えて早く対応するよう要請している文書である。

汚物が道路にも散らばっているので、早く清掃して地区の衛生状態を改善しないと伝染病などが流行しては大変なことになると訴えている。

鹿児島県が対応したと思われるが、住民の迷惑も相当なものであったろうと思われる。

［その二］

最後の戦場となった長井村の村民の災難は、枚挙に暇が無いほどであるが、公文書に残されていることの一つに、住居を占有されたことがある。

村に立て籠もった西郷軍に、住居の提供を余儀なくされた。戦況が最終段階に近づくにつれ、政府軍、西郷軍ともに犠牲が増えていく。近くの民家には次々に死傷者が運び込まれて、臨時の収容所となってしまった。本来の家の居住者は、物置や厩《うまや》の二階などに小さくなっているしかなかった。このような情況について、「早く宮崎や都城に負傷者や降伏人を移動させよ」という文書が残されている。

文面からも、その差し迫った情況を察することができる。戦禍は、常に弱者のところに重くのしかかるのである。村民の窮状推して知るべしである。

賊徒降伏人中負傷者送付につき掛合《かけあい》

明治一〇年八月二〇日

今般、当地派出之節、参軍協議之上　賊徒降伏之内負傷之者共ハ都《すべ》テ旅団ヨリ当出張所へ送付之義ニ決定相成リ、明廿一日当旅団病院ヨリ、受手候賦ニ候、然ル処負傷者凡《およそ》三千余モ有之《これあり》、殊ニ沿道之旅団相纏《あいまとま》リ里外之村落迄兵員人夫之別ナク到ル処家屋ニ充満、加之《これにくわえ》負傷者ハ日々相増候《あいましそうろう》勢《いきおい》ニ付、到底当地而已《とうちのみ》ニテハ病室、差支候間《さしつかえそうろうあいだ》、先以《まずもって》軽傷ノ者ハ其地へ差送候賦《さしおくりそうろうふ》ニ候間、宮崎学校等病室ニ相充度《あいあてたく》候間、畳敷□等□

□可然《しかるべく》御計置有之度《おはかりおきこれありたく》、此段御懸合《かけあい》候也

十年八月廿日

同延岡支庁

宮崎支庁御中

「里外之村落迄、兵員、人夫之別ナク到ル処家屋ニ充満」と書かれている。民家という民家は、負傷者が収容されていた。

当時、教員養成が急務であったので、宮崎には、宮崎学校が建てられていた。現在の宮崎小学校の位置とされている。その学校も負傷者収容施設として充てるよう取り計らうことを要請している。負傷者およそ三千人という数は、村落の民家などで間に合う数ではない。

西南戦争最終段階での、当該集落の人々が遭遇した難儀であった。

[その三]

農村の人々にとって、牛馬は欠くことのできない大切な家畜である。牛馬の力無くては、田畑を耕すことはできない。西郷軍は、移動の途中、農家から牛馬を徴用した。

負傷者や武器、食糧の輸送などに使うためであったと思われるが、目的地に着くと、牛馬は解き放った。手元に置くと養うことができないからである。そのため、飼い主のわからない牛馬が各地で見つかった。牛馬を徴用された農民の困惑は如何ほどのものであっただろうか。察するに余りあることである。

拾得牛馬に関する文書が残されている。

拾得牛馬届につき通達

区戸長

賊徒暴挙来拾得候牛馬之儀ハ追々届出候処、万一不心得ニテ不届出者《とどけいでざるもの》有之《これあり》候《そうろう》哉《や》モ難計《はかりがたく》ニ付、猶細密取調之上有無共来月十日限り可申出《もうしいずべく》、此旨《このむね》相達《あいたつし》候《そうろう》事《こと》

明治十年九月廿九日　宮崎支庁

耕牛馬紛失届につき達

各区正副戸長

賊徒来為メニ耕牛馬紛失致候者ハ、其毛色及ヒ寸尺等
詳細取調　来月十日限リ可届出、此旨相達候事

明治十年九月廿九日

宮崎支庁

このような通達が出されている。馬は指定の場所に集められていたが、数が多いので、自分の馬を見付けることができずにうろうろしていると、要領のよい者は、見かけのよい馬をさっさと曳いて持って行く。人のよい正直者は、残ったやせ馬しか曳いて帰れなかったという話も伝えられている。

三　歴史の教訓としての西南戦争

日向各地は、政府軍の追撃が始まった七月下旬から、西郷軍が立て籠もった北川村から敗走するまで、二カ月にわたって戦場となった。

西郷軍は移動する途中、人員の補充だけでなく、各地で現金、穀物、鉛、銅などを徴

収し、戦力を維持しようとした。

『宮崎県史　近・現代1』三〇八ページによってその一部を掲げてみる。

宮崎では、金二七三八円九七銭　米四八三石五斗四升余

高鍋では、金七五一五円六四銭　米一〇一石九斗二升余

富高、細島では、金六一〇二円五十銭

延岡では、金一九〇六三円、米五二六石八斗八升余

※一部分を掲げたが関係地域分を総計すれば莫大な数になる。

この戦禍による人、物、金の損失は莫大であった。特に明治十六（一八八三）年、宮崎県の再置以後に活躍したであろう多くの人材を失ったことは、惜しまれる。

身近な処で起こった内戦の混乱は、いたるところで村人を悩ませたのである。

西南戦争は、NHKの大河ドラマで、何回も取り上げられ、国民に人気のドラマとなった。しかし、明治維新を成し遂げた人物や、西郷隆盛とその周辺の人物の群像などが描かれることが多く、牛馬を取られたり、兵站《へいたん》基地の住民が、環境汚染に悩まされる状況などは、ドラマには描かれない。

描くことのできない状況の方が、はるかに厖大《ぼうだい》なのである。

平成前半の時代に『宮崎県史』が刊行された。昭和時代の後期から平成時代の初期にかけて、県内の各市・町・村史も刊行されて、西南戦争史も当該市町村に関わる事象は、詳しく収録されている。

資金と労力をかけた苦心の地方史が、市、町、村の図書館に保管されたままになっているのは、いかにも惜しまれることである。

西南戦争は、およそ百四十年前のことであった。

明治維新を実現し、近代日本のスタートを築こうとした西郷隆盛が、十年にして反乱軍の総帥に担がれたのは、まことに惜しむべきことであった。

その思いが人々の心に残って、西郷隆盛は大河ドラマに何回でも描かれるのであろう。

明治六（一八七三）年、西郷隆盛は、「征韓論争」に敗れて政府を去り鹿児島に帰国した。

錦の御旗を押し立てて江戸幕府軍と鳥羽伏見の戦いで勝利し、その後に続いた北越戦争、東北列藩との戦争を戦い、御一新を実現した功労者として、ただ一人の陸軍大将に任命された西郷隆盛である。彼が率いた一万の軍隊は、「御親兵」（後に近衛師団と呼ばれる）と呼ばれ、天皇護衛の兵隊となって東京にあった。彼等は明治維新を実現するために戦った薩摩、長州、土佐三藩の兵で編成されていた。

西郷隆盛が政府を引退して帰国すると、西郷に心服していた陸軍少将桐野利秋や、近衛局長官篠原国幹らの幹部たちも、多くの部下を引き連れて鹿児島に帰国した。

鹿児島に帰った彼等は、私立学校をつくった。銃隊学校、砲隊学校、幼年学校である。いずれも軍人養成の学校であった。鹿児島には、藩政時代から各地に郷校があり、学業と武芸を学んだ。これらの郷校も私立学校を目指す若者が学ぶ学校であった。

西郷軍の主体は、このような血気盛んな若者たちであった。徴兵制によって編成されている政府軍は、戦場での決戦となると、西郷軍に敵対できなかった。戦争が長引き、西郷軍の武器弾薬、食糧などの補給が困難になると、西郷軍は崩れはじめ、退却につぐ退却で、最後は終《つい》に日向国の北辺、長井村に追い詰められたのである。

同じ日本人同士が、七カ月も内戦を続けるという不幸な歴史は、近代国家建設の大きな犠牲であった。多くの日本人が、この内戦の結末を悲しんだと思われる。

「西南戦争」の大河ドラマが、幾度も放映されるということは、西南戦争が明治の日本を作るために必要であった多くの若者を失ったことを、いつまでも惜しんでいるように思われる。

明治の日本は、その後は、日清戦争、日露戦争を経験した。昭和に入ると満州事変、日中戦争、太平洋戦争と遂に「十五年戦争」に突入し、昭和二十（一九四五）年、敗戦国となった。この間の歴史と戦後復興の歴史は、まことに教訓に満ちている。

我が国の近現代史は、私たち日本人に、歴史は国家としての教訓を学ぶ学問であるということを、痛切に思わせてくれるものである。

【参考文献】

『清武町史　資料編1』（平成二十七年刊　清武町合併特例区　編集・発行）
『清武町史　資料編2』右同
『宮崎県史　史料編　近現代4』（平成八年三月三十一日刊　宮崎県）
『大系日本の歴史⑬　近代日本の出発』（坂野潤治著　一九九三年刊　小学館）
『瓜生野・倉岡　郷土史』（昭和六十一年刊　宮崎市北区振興会）
『六隣荘日誌』（平部嶠南著　昭和五十三年刊　青潮社）

史話四

一庶民の日露戦争

——長友辨太郎出征日誌について

一　はじめに

(一)　長友辨太郎とその日誌について

この日誌を残した長友辨太郎は、宮崎市下北方町の青年である。

日露戦争が始まった時（明治三十七〈一九〇四〉年二月十日）、二十四歳であった彼は、開戦直前の二月五日に召集を受けた。

野戦重砲隊の要員として召集されており、入隊先は長崎県の佐世保要塞砲兵隊であった。

近代日本は、欧米型の資本主義を取り入れて、産業革命に成功し、一途に植民地支配を目指す帝国主義の道を進んだとされているが、そのような評価だけで済ませてよいかどうかには疑問もある。確かに日本が目指した近代国家は、欧米型資本主義国家ではあった。義務教育制を確立し、その上に能力主義的な教育制度をつくりあげ、優れた指導者や技術者を養成し、官僚と軍隊を組織化した。半世紀にも満たない短期間にこのような国づくりをした国は、近代史上他に例を見ない。

しかし、この背景には、経済力と軍事力にものをいわせた欧米列強が、アジアに植民地を広げつつあるという国際情勢があった。

特にロシアは、東アジアの朝鮮半島と遼東半島まで、一気に勢力を広げようとしており、我が国は、危機感を増大させていた。

清王朝はすでに衰退して末期的な様相を呈しており、朝鮮の李王朝も中国の強い影響下にあった。この時期の世界史の動きは、まだ弱肉強食の原理が強く働いていた時代であり、日本は、ロシアの進出に強い危機感を持った。

明治三十六（一九〇三）年八月以降、半年にわたった日露交渉も、遂に不調となり、翌三十七年二月十日、対ロシア宣戦布告となった。

このような通史上の日露戦争は、多くの歴史書に多面的に語られており、ここに取り上げることはできないが、この時期の国際情勢と日本がとった行動は、現代日本人が学ぶべきことの一つであろうと思われる。

我が国近代史上の一大事件というべき日露戦争であるにもかかわらず、個人の戦争記録は数が少なく、地方史の資料としても探すのが、困難となっている。ここに取り上げる長友辨太郎の「日露戦争出征日誌」は、数少ない記録の一つである。開戦直前に召集を受け、日露戦争開戦後の八月から明治三十八年九月まで、戦場にあった。

原本の日誌は、当時の手帳に鉛筆書きであったと思われるが、本人は、戦後無事帰還した後、和紙に毛筆で清書している。

平成九年頃、宮崎市下北方町在住の友人・富永嘉久氏が、この日誌を持参されて、史料として保存、紹介してほしいと依頼された。その時期、私は県立図書館の史料調査室（現在は郷土資料室）で、「佐土原藩島津家江戸日記」の解読・出版に携わっていたので、暇を見てワープロで原稿化してプリントした。

平成十年八月、宮崎県地方史講座で、この日誌について発表した。その後、私がボランティアをしていた「みやざき歴史文化館」の史料として保存されていたものである。

(二) 日誌の特色と背景

1 出征から帰還までの一年七カ月、ほぼ毎日が記されている。帰国後毛筆で清書されたものも、丁寧で、本人の実直さがうかがわれる。

2　当時の状況から見て、本人は、小学校高等科卒（小学校尋常科四年、高等科二年）であったと思われるが、漢字をよく習得しており、難しい漢字をよく使っている。当時の小学校教育が、読み書きに力を入れていたことがうかがわれる。

3　明治二十三（一八九〇）年「教育勅語」が発布された。その忠君愛国の精神は、小学校教育の中で「修身」として教え込まれた。明治の義務教育充実期に教育を受けた青年層が、この戦争の日本軍兵士であった。

4　日誌は、戦場の事実を簡潔に書き綴っていて、無駄の無い文章である。出征時二等卒の兵士であるが、学力は高い。

5　当時の陸軍の野戦重砲は、他の文献資料から見て、口径は十二センチ、最大射程七千メートル程度と推定される。

陸軍は、ドイツのクルップ社から、口径十五センチの榴弾砲を買い入れたが、この砲は、奉天会戦時には、間にあわず、明治三十八（一九〇五）年七月に到着した。日誌の八月五日に「大砲取リニ行キ困難セリ」とある。この後の九月二十九日に「十五サンチ砲ノ実弾射撃」とあるのは、この砲のことと思われる。

6　明治三十八年一月二十七日の公報では、ロシアで起こった「血の日曜日」事件が伝えられている。ロシア革命（一九一七年）に発展していく事件が、「ロシア兵士七万人が起こした内乱」と伝えられている。

7　日露講和会議は、明治三十八年九月五日に米国のポーツマスで開催され「ポーツマス条約」の調印がなされた。日誌には「日露講和成立。小村全権委員ハ日本ニ帰国ノ筈」と記している。

8　長友辨太郎所属の部隊は、明治三十九年一月になって帰還準備が始まる。日誌には、一月九日に「大砲積込ミ演習」、二十八日に「開原停車場ニ大砲輸送」などと書かれている。

二月一日に「午前十時ヨリ大砲及ビ材料ノ積込ミ。午後二時終リタリ。同五時半鉄嶺ニ向ヒ出発。寒サ甚ダシク困難セリ」とある。帰還に歓喜して騒ぐ様子などはない。戦場で鍛えられた軍隊の様子がうかがわれる。

9　明治三十九年二月十六日、佐世保に帰着して、満期除隊となり、午後一時佐世保を発し、帰途に就いている。

日露戦争から百十余年を経た。近代日本が存亡を賭けた戦争に出征した一人の人間の体験を伝える貴重な日誌を、紹介できる形で残したいという思いで取りまとめた。

なお、今日では使用しない用語や名称が使われているが、資料として原文のまま掲載している。歴史の史料を保存するためのこととしてご理解いただきたい。また、※印の項は、日誌本文の備考として、編者が書き加えた内容である。

(三) 明治三十七・三十八年戦役出征日誌の経過概要

明治三十七年

八月一日　佐世保軍港出港「さぬき丸」に乗船。

八月六日　大連港に着く。

八月九日　金州～十三日得利寺～十六日熊岳城～十八日蓋平

八月二十日　大石橋～二十一日海城～二十八日鞍山站

八月三十日　鞍山站付近の高地に布陣。砲撃戦。

安山站～沙河～首山堡～遼陽戦に参戦。

激戦続き多くの戦死傷者出る。

九月一日～四日　遼陽攻撃戦。四日遼陽陥落。

十月七日　奉天攻撃に向けて前進が始まる。
　沙河堡〜奉天にかけての戦闘に参戦。日本軍の右翼。
十一月十四日　この間、奉天南方の沙河堡。
明治三十八年
三月一日〜十日　奉天大会戦始まる。連日激戦。十日奉天陥落。
三月十三日　ロシア軍鉄嶺方面に退却。
三月十七日　奉天付近に滞陣。
三月二十三日　奉天城見物。バルチック艦隊の状況を待つ。
五月二十九日　日本海海戦の戦勝情報届く。
六月二十二日　鉄嶺付近に滞陣。
九月十日　日露講和条約成立の情報届く。
　以後現地に滞陣。休養、訓練、滞陣続く。
　滞陣のまま明治三十八年終わる。
明治三十九年
一月一日　滞陣のまま正月迎える。

一月十七日　帰国、凱旋の準備始まる。
二月一日　鉄嶺駅で大砲積み込み。
二月二日　列車にて鉄嶺を出発。大連港に向かう。
二月六日　大連港から帰国船「八幡丸」に乗船。
二月九日　門司港に着く。
二月十二日　佐世保に帰隊。大歓迎を受ける。
二月十六日　兵役満期。除隊となる。帰郷の列車に乗る。
熊本に着き、同市見物。宿泊。
二月十八日　大口着。
二月十九日　小林に着く。
二月二十日　紙屋に着き一泊。
二月二十一日　午前十一時半頃、高岡に着く。同日帰郷す。

二　明治三十七・三十八年戦役出征日誌

明治三十七年二月五日ヨリ同三十九年二月十六日迄ノ部
宮崎郡大宮村大字下北方　百四十八番地
明治拾三年四月一日生　長友 辨太郎
（明治三十九年四月五日制作　隊名　野戦重砲兵第四聯隊第一大隊第一中隊）
（※当時の野戦重砲隊の編成――一中隊は大砲六門、四中隊で一大隊を編成。一大隊は大砲二十四門で組織されていた）

明治三十七年

（二月）

二月五日、兵員召集ニ応ジ、同七日国元出発。
同月十日、佐世保要塞砲兵大隊ニ入隊。北松浦郡山口村高后崎砲台ノ守備。

（七月）

七月四日、身体検査合格ス。

同月五日、徒歩砲兵第二独立大隊第一中隊ニ編成サル。俵之浦兵舎ニ移舎ス。

同月十一日、俵之浦兵舎出発。佐世保市ニ到着。当市浜田町船山旅館ニ宿営ス。

同月二十四日、当市出発。北松浦郡大野村ニ向ヒ行軍、同村西蓮寺ニ宿営ス。

同月二十九日、同郡相之浦村ニ実弾射撃ニ従事ス。

（八月）

八月一日、当村出発、佐世保ニ帰営、船山旅館ニ宿営。

同月三日、午前七時、当市出発、海兵団ニ集合シ、諸物ヲ船ニ積ミ込ミ。同日午後五時、佐世保軍港出船、海軍ヨリ軍楽隊ヲ当テ見送ラル（船名　サヌキ丸）。

同月四日、午後午前一時頃対馬沖通行ス。同九時頃朝鮮海峡ニ進入、此ノ付近ニハ山ニ木類少ナシ。処々ニ青草見ユ。

同月五日、午前一時頃東支那海ニ進入ス。島見エズ。同日午後七時頃、大連湾ノ入リ口ニ停泊シ、此処ハ、我ガ艦隊ノ出張所有リ。多クノ軍艦停泊シ居レリ。

同月六日、午後一時頃、柳樹屯ニ着。此処ニテ馬ヲ上陸セリ。午後六時大連湾ノ入リ口ニ到着。一宿セリ。

同月七日、午前六時頃ヨリ上陸シ、小銃受領。大砲ハ汽車ニ積込ミ海城ニ送付ス。此処ハ露助（※ロシア兵）ノ多ク守備セシ処ニテ、盛大ナリシ工事ヲナシ居レリ。日本ノ負傷者ハ、実ニ多ク居リシコト。午後四時頃、海辺ヲ出発シ半里程前方ニ露助ノ兵舎有リ。其処ニ行キ宿営ス。

此処ハ露助ノ公園地有リテ熊・虎ヲ養イ有リ。支那人ノ話シニヨレバ、日露開戦当時、日本婦人ヲ露助ガ、食セタト云フ事ヲ聞キタリ。人家ハ皆焼却シ有リタリ。

同月八日、午前四時半ヨリ此処ヲ出発シ、金州城ニ向ヒ行軍、前八時頃大雨降リ、実ニ困難シテ行軍ス。

途中畑多クシテ、農作ハ、高キビ、粟、大豆、小豆、野稲、トウキビ等ノ類ニシテ、他ノ作物ハ無ク、道甚ダ悪クシテ、午後六時頃、三道講ト云ウ村ニ到着シ、本隊ハ、金州城ニ午後十一時頃到着ス。

我々ハ三十五名ニテ三道講ノ高キビ畑ニ露営シ寒サニ困難セシコト。

同月九日、午前五時頃、朝飯ヲナシ、金州城ニ向ヒ出発セリ。途中道悪ク車ノ通行不便ニシテ、午後六時金州城ニ到着シ、本体ニ属セリ。

金州城ハ、人家多クシテ盛大ニ有リシコト。此ノ城内品物ハ、ビール一本五十五銭、焼酎一升一円参拾銭、卵一個弐銭五厘ニテ、其ノ他ノ品物モ之ニ類シテ高価ニテ有リシコト。

同月十日、午前五時、金州城ヲ出発シテ、途中道悪ク実ニ困難ヲナシ行軍ス。此ノ日、午後一時頃ヨリ午後六時頃迄ハ、旅順口ノ大激戦。砲音甚ダシク聞コエタリ。午後六時半、龍口ヲ経テ龍馬屯ニ到着露営ス。此処モ日本占領地也。

此処迄ノ間ニモ大根、蕪、人参等多ク有リシコト。道ハ横幅四拾間以上モ有リシコト。華蘭店ニ向ヒ十一日午前五時出発。途中ハ、前ニ同ジ。午後五時半頃無事ニテ華蘭店ニ到着シテ、夕食ハぱん、朝飯ノ菜ハ梅干シ一個ヲ二人ニテ食シタルコト。

同月十二日、午前七時、此処ヲ出発、南瓦房店ニ向ヒ行軍、午後六時、目的地ニ到着。此処ハ露助ノ陣地ニシテ盛大ナル家有リテ、停車場ノ有ル処也。兵舎ハ皆焼却シ有リタリ。

（※ロシア軍は退却する時、日本軍が使用しそうな物は、皆焼いて退却した）

同月十三日、午前六時、此処ヲ出発シ、午後五時、利得寺停車場ヲ通過シテ、同六時、長河屯ニ着シ、此ノ日ハ雨天ニテ高水出テ、河数ケ所ヲ渡リ困難セリ。

此ノ付近ノ電信、鉄道線ハ皆壊シ有リシコト。支那人ハ、日本軍用品ヲ馬車ニテ送リ居リタリ。此処モ露助ノ停車場及ビ兵舎ノ有リシ処也。且又、野戦郵便局及ビ野戦病院ノ有ル処ニテ、負傷者多ク居リシコト。

此ノ日ハ午後六時頃ヨリ大雨降リ、頭ヨリ濡レ露営セリ。実ニ困難シタリ。

同月十四日、雨天ニテ大水ノ為メ此処ニ滞在。

同月十五日、午前五時、此処ヲ出発シ、途中ハ道甚ダ悪ク川ハ高水ニテ渡所首迄入リ車ヲ引キ二ケ所ノ川ヲ渡リ、寒サハ身モ切ルバカリニテ困難ヲナシ、午後五時頃、北瓦房店ニ到着セリ。

此処モ露助ノ停車場ニシテ兵舎有リ。皆焼却シ有リタリ。且又汽車ハ、多クハ壊シ有リタリ。

此処ニ酒保有リ。焼酎一合弐拾銭、はな紙（※ちり紙のこと）一帖五銭、其ノ他ノ品モ高値ニテ有リシコト。

此処ハ鉄道線ニ露営セリ。野戦病院モ有リ。露兵ノ捕虜十七名ヲ見タリ。

同月十六日、雨天、高水ノ為メ此処ニ滞在ス。

同月十七日、午前六時、此処ヲ出発。途中拾二ケ所ノ川有リ。高水ノ為メ困難ヲナシ、渡場ヲ渡リ、三百余間ノ鉄道ヲ渡リ、午後六時半頃、熊岳城ニ到着セリ。此ノ城内ニテ瓜ヲ買ヒ食シタリ。一個五銭。城内ハ道悪ク、衛生不十分ノ処也。

同月十八日、午前六時、此処ヲ出発、途中川八ケ所有リ。晴天ナルモ、道悪ク弐百余間ノ鉄橋二ケ所有リタリ。此ノ橋モ皆焼却シ有リタリ。午後十二時頃、蓋平城ニ到着。前日ヨリモ困難致シタルコト。此ノ日ハ馬負傷シタルヲ見テ、草ヲ取リ食ワセテ行軍セリ。

同月十九日、午前十時、此処ヲ出発シテ途中ハ鉄道線ニテ車ヲ引クニ困難ヲナシ。翌二十日、午前三時其ノ夜ハ一目モ眠ラズ。大石橋ニ到着セリ。夕食ナシ。困難セリ。此処ハ盛大ナル停車場ニシテ、兵舎多ク有リ。此処ヨリ旅順口ニ通ズル鉄道線有リ。午前九時ニ飯ヲ炊キ朝飯ヲナシ、同日午後三時半此処ヲ出発シ、夜行軍ニテ翌廿一日午前五時頃、海城ニ到着セリ。此処ハ露助ノ防禦陣地ニシテ、健康ナル処ニシテ、敵ハ此処ヨリ約三里前方ニ有リ。砲音モ聞コエ居レリ。負傷者ハ多ク、海城野戦病院ニ送リ来ルヲ見タリ。此処ハ品物物価ハ、パン一枚五銭、半紙一帖六銭、巻煙草拾本入拾銭、マッチ一箱一銭、砂糖一斤四銭、此他何ニヨラズ高値也。海城ヨリ北方約一里程ノ村落ショカエントト云フ処ニ滞陣ス。

同月廿五日迄、村ニテ命令ヲ待ツ。

同月廿六日、午前三時、此村ヲ出発シ、海城鉄道線近クニテ命ヲ待ツ。此日午前九時、公報、「此ノ度ノ大激戦ハ勝ツカ負ケルカ二ツニ一ツノ戦争故、皆能ク命ニ従ヒ従軍セヨ」。

同九時、「進め」ノ命ニテ此処ヲ出発シ、午後六時石藤山ニ到着セリ。此夜露営ス。

同月廿七日、午前三時半、此処ヲ出発シ午後三時頃、戦闘線ニ到着セリ。途中ニモ多クノ露兵捕虜ヲ見タリ。午後八時過ギ栄城子ニ到着、露営ス。

同月廿八日、午前五時、此処ヲ出発セリ。敵ハ安山店北方ヲ退却シツツ有リ。午後五時安山店ニ到着。此処ハ停車場ノ有ル処ニシテ敵ハ三個聯隊ヲ加エ大砲十六門ヲ増シ、我軍ニ勇猛ナル砲撃ヲナセシ処也。

此日、中隊長ノ命令「此度ノ戦争ハ勇猛ナル大激戦ニ付キ、汝等ハ能々命令ニ従ヒ忠節ヲ尽スコトヲ望ム」。此処ニ露営。

同月廿九日、命令ヲ待ツ。

同月三十日、午前三時、此処ヲ出発シ途中無事ニテ、オートトエン前方村落ニ午後二時頃到着シ、命令ヲ待ツ。

敵ハ我ガ軍ニ向ヒ勇猛ナル砲撃ヲナシ、退却シツツ有リ。

午後四時、我ガ隊ハ、前方高地ニ進入シ、砲戦ノ命ヲ受ケ砲台工事ヲ始ム。同六時ヨリ十八門砲台ニテ発射ス。敵ノ弾丸雨降ル如クニシテ一時間内ニ負傷者六名、死者二名ヲ出セリ。

此日ハ雨天ニシテ頭ヨリ濡レ寒サハ寒シ食事ハ無シ。午後八時過ギ一里程後ニサガリ高キビ畑ニ露営セリ。実ニ困難ヲ極メタリ。此夜、歩兵ノ大激戦有リ。小銃ノ音ハ、地雷ノ如クナリシモ、敵兵退却セズ。我ガ軍ハ負傷者、死者ハ山ノ如シ。

同月三十一日、午前四時、露営地ヲ出発シ、前日ノ砲台ニ進入シ、同五時ヨリ射撃開始。午後七時迄勇猛ナル砲撃ヲナシタルニ、露兵モタマラズ少シ退却ヲ始メ、或高地ヲ占領セリ。

此日、負傷者七名、戦死一名有リ。

同九時、砲台ヲ下リ、前夜ノ高キビ畑ニ露営ス。同雨天。

（九月）

九月一日、午前八時、敵ノ砲台ヲ占領シ、同九時ヨリ前進ノ命令ヲ受ケ、約一里程前方ノ高地、方家屯ト云フ処ニ同十時半頃到着シ、砲台工築ヲナシ、午後五時ヨリ砲戦ヲ開始、同六時半迄百十六個ノ砲弾ヲ発射シ、敵ノ砲台ヲ全滅ス。

同七時ヨリ遼陽停車場ハ出火ニ成リタリ。此日、負傷者五名、死者無シ。此処ニ露営。

同月二日、午前六時ヨリ、勇猛ナル砲撃ヲナシタルニ、敵ノ砲弾雨降ル如ク、午前十二時迄砲戦。敵兵少シ退却ノ模様有リテ、前進ノ命ヲ受ケ、遼陽城ヨリ南方約一里程ノ処ヒツジャワイズイト云フ処ニ到着シ、高キビ畑中ニ廿四門砲台ヲ工築シ砲撃ス。

此日午後七時ヨリ遼陽総攻撃ニ従事ス。小銃弾雨降ル如シ。此日負傷者三名、露営ハ砲台内。

同月三日、午前四時ヨリ至急射撃ヲ開始シ、廿四門砲台ヨリ一斉射撃ニテ、勇猛ナル砲弾ヲ送リタリ。我ガ軍ノ負傷者数知レズ。

敵ハ遼陽付近ノ倉庫ニ火ヲ付ケ大出火ヲ起セリ。

午後五時ヨリ敵兵前進スル模様有リテ、我ガ隊ハキビ畑ニ散兵ヲナシ、待チ居リタリ。

同月四日、午前一時半、遼陽城占領ニテ、万歳ノ声山モクズルルバカリナリ。同日午前七時、此処ヲ出発シ遼陽城ニ向ヒ前進ス。

途中食事ハ無シニテ車ヲ引ク事デキズ。支那人ノ作リ居ルなすび、なんばん等ノ野菜、粟等ヲ取リテ塩ヲ持チ来テ炊キ食事ヲナシ、前進スルコトヲ得タリ。煙草モ無ク、実ニ困難セリ。

午後四時、遼陽城ニ到着セリ。此日ハ支那人ノ小麦ヲ取リテだごヲ製造シ食シタリ。

五日ハ此処ニ滞在。此日ハ雨天ニテ高水出テ、露助ノ死者多ク川ヲ流ルルヲ見タリ。

此日初メテ出征以来、顔ヲ洗イタルコト。

同月六日、午前十時、此処ヲ出発シ、下家国ト云フ処ニ到着。休陣ス。

七日、八日ハ同ジ。

同月九日、午後一時ヨリ、大雷ニナリ、大雨降リ出シ雹ノ大ナルモノ降リ出シ、約二時間ニテ晴天ニナリタリ。

午後六時ヨリ、勅語奉読式有リ。

大砲器具ノ手入レ。

十日、同ジ。

同月十一日、沙河停車場ニ荷物ヲ取リニ行キタリ。此日ノ負傷者数知レズ。

同月十二日、午後一時半ヨリ皇后陛下ノ礼書奉読式有リ。同三時ヨリ服ノ手入レ。

同月十三日、十四日、午後大砲手入レ。

同月十五日ハ、衛兵。廿日迄雨天ニテ遊ビ。此日ハ下給品、巻煙草二拾本ヅツ渡リシコト。

同廿三日迄練兵。此日、冬服ヲ着用ス。此日ハ彼岸中日、秋季皇霊祭ニテ酒一合五勺《しゃく》ニ、はがき四枚渡リシコト。

（※練兵～兵士の訓練）

同月廿四日、廿五日ハ、皇后陛下ノ礼状式有リ。午後、服ノ検査有リ。

同月廿六日、午前山登リ。此日、中隊長ヨリ巻煙草百本モラヒタリ。

同月廿七日、練兵。此日、酒六勺ヅツ渡ル。

同月廿八日、練兵。此日、川ニ魚取リニ行キタリ。此日酒二合、巻煙草二拾本ヅツ渡リタリ。

同月廿九日、練兵。

同月三拾日、大砲手入レ。此日、煙草三拾本ヅツ渡リタリ。


（十月）


十月一日、七里寺ニ使役ニ行キタリ。

同月二日、大掃除。

同月三日、炊事当番。此日、酒一合六勺、巻煙草二拾本渡リシコト。此ノ品ハ、天皇陛下ノ下給品也。

同月四日、練兵。此日、大霜降リ寒サ甚ダシキコト。

同月五日、六日、練兵。

同月七日、前進ノ命ヲ受ケ、午前十一時半、此処ヲ出発。長台子ニ到着。命ヲ待ツ。此夜、露営シ寒サ甚ダシキコト。

同月八日、此処ヲ出発シタルハ、午前六時、ラタイ台ト云フ村ニ行キ命ヲ待ツ。此日ハ、此処ニ露営ス。

同月九日、午前二時半、此処ヲ出発シ長子台ヨリ約一里程前方、ショカイント云ウ処ノ高地間ニ砲台ヲ工築シ、敵ノ来ルヲ待チ居タリ。此日露営。

同月十日、此処ヲ午前三時出発。或ル村ニ行キ命ヲ待ツ。敵ハ奉天。同日午後二時ヨリ奉天北方ニ退却シツツ有リ。

公報、「我ガ大隊ハ之ニ向ヒテ前進」ノ命令ヲ受ケ、同四時ヨリ、約二里程前方ノ村ニ行キ、露営。

同月十一日、午前七時、此処ヲ出発シ、敵ハ我ガ軍ニ向ヒ勇猛ナル射撃ヲナス。敵ノ戦線約十里有リシ由。午後九時ヨリ少シ退却ノ模様有リテ、我ガ大隊ハ之ニ向ヒ追撃ス。約一里前方ノ村ニ行キ露営ス。

此処ニテハ敵兵少シモ退却セズ。我ガ軍ニ、大ナル損害ヲアタエ、砲撃ス。負傷者多シ。

同月十二日、午前六時、此処ヲ出発シ、西方ニ向ヒ、約一里程行キテ休ミ、命ヲ待チ居リタリ。此処モ敵弾雨降ル如ク来リタリ。

十一日、十二日両日休ミシ処ヨリ東南ニ見エタル高地ニ於イテ、第十師団追撃ノ為メ、敵ノ大砲三拾五門、兵卒千人以上捕虜トス。砲弾千二百発以上、其他小銃弾薬数知レズ（捕獲）。此日、此処ニ露営ス。

同月十三日、午前四時、此処ヲ出発シ、東北方約一里程行キテ休ミ命ヲ待ツ。砲弾雨降ル如ク来リタリ。午後三時頃ヨリ先進シ、同七時、ダ山寺ト云フ処ニ到着セリ。此夜此処ニ野宿ス。

同月十四日、午前五時、当所ヲ出発シ、途中ハ露助ノ死者多ク、日本ノ負傷者・将官三名、其他将校以下士卒負傷者数知レズ。

約二里程行キシ処ニハ大ナル村有リ。此日ハ大激戦ニテ我ガ隊ニハ、何タル命令モ無ク、此日ハ或村ニ行キ露営ス。此夜ハ、大雷ニテ大雨降リ出シ、敵ハ、退却ヲ始メタリ。

同月十五日、午前五時、当所ヲ出発シ、北方約一里程行キ処、敵退却ヲ止メ、勇猛ナル砲撃ヲナシタリ。我ガ大隊ハ西方ニ向ヒ一里程行キ野ニ露営セリ。此処ニモ日本戦死者山ノ如ク有リタリ。寒サ甚ダシク困難セリ。

同月十六日、午前十一時ニ西北方ニ出発セリ。途中、寺山ト云フ山有リテ神社有ル処也。此山ヨリ約半里程ノ処ニ、石山ト云フ大山有リ。此処ニハ、日本ノ死者並ニ露助ノ死者山ヲ築キ、大激戦ノ有リシ処也。

コレヨリ前方ニハ、川四ケ所有リ。其川ヲ渡リ約一里程先ニ村有リ。午後七時ニ到着シ、夜食ヲ炊キ、同九時ヨリ其処ヲ出発シ、其夜ハ一目モ眠ラズ行軍ヲナシ、行キシ処、一ケ所ノ大河有リテ橋モ無ク、腰迄入リテ渡リタル処、寒サ甚ダシク成リタルニヨリ、河上ニ上陸シ、きびがらヲ炊キ当タラント云フ時、火ヲ炊ク事デキントノ命令ニテ、寒サハ寒シ、困難ヲナシタリ。

其時公報、「我ガ大隊ハ奉天守山保ニ向ヒテ追撃」ノ命令ヲ受ケテ前進スル事トナリ、早速出発。

同月十七日、午前九時頃、ダ山寺ニ到着シテ、前方高地間ニ砲台ヲ築城シ、命ヲ待チ居リタリ。同日午後七時、後方ニ下ガル命ヲ受ケ、同時ニ此処ヲ出発シ、同十一時頃、エイカント云フ村ニ到着、野宿。

此夜ハ雨天ニテ我ガ砲兵旅団ハ敵ノ夜討ノ為メ、大砲十八門並ビニ人馬共捕虜ニサレタ。此夜ノ十一時頃、敵ノ夜討甚ダシク、勇猛ナル激戦ヲナシタリ。

同月十八日、午前五時迄、負傷者少シ。同日午前五時ニ出発、途中雨天ニテ道悪ク、車通行不便ニシテ、十一時頃迄ニ約一里ノ道ヲ行軍ナシ、三角山ニ到着。砲台ヲ築城シ戦闘ヲナシ、午後十一時頃、陣地出発。元ノ村迄行キ露営ス。此夜モ前夜ニ同ジク勇猛ナル戦闘アリ。敵兵退却セズ。

同月十九日、午前四時、此村ヲ出発。陣地ニ進入。午後四時、天皇陛下ノ礼状奉読有リ。同十時、陣地出発、団子山ト云フ村ニ到着宿営ス。

同月廿日、午前五時ニ砲台ニ集合、命令ヲ待ツ。

同月廿一日、午前五時半、当村出発。砲台ニ進入シ戦闘。午後七時ニ右村ニ帰営シ、酒一合四勺ツツ渡リタリ。此夜寒サ甚ダシ。

同月廿二日、午前六時ニ集合、命令ヲ待ツ。此日午後三時、酒一合五勺、菓子少シヅツ下給有リタリ。同四時、大隊着ノ情報ニ曰ク、「敵ノ歩兵一個大隊、騎兵五十、其後方ニ大部隊見エタリ」。我ガ大隊ハ右ノ村迄退却ノ命令有リタリ。同時ニ同地出発、露営ス。

同月廿三日、午前五時ニ起キテ砲台ニ進入、午後七時帰営。

同月廿四日、午前五時、同村出発、三角山ヨリ東北ニ向ヒ砲台築城。午後七時帰営。此夜衛兵ニ行キ寒サ甚ダシ。

同月廿五日、午前五時半出発命令ヲ受ケ、同九時出発。第二中隊ハ第二軍ニ属ス。第一中隊、第三中隊、第四中隊ハ第一軍ニ従事ス。

第四中隊第一小隊ハ、石川中尉ノ命ニヨリ、戦利加農（戦利品ノカノン砲）ニ編成、第四軍ニ属ス。

午後七時、面家府ト云フ処ニ到着、此間岩山寺山ト云フ処有リ。何レモ大戦闘有リシ処ニシテ、両軍ノ死者山ノ如クニシテ、露助ノ子供一名モ死シ居リタリ。此処ニ露営。


（※ロシア軍は、退却する時、多数の三吋《インチ》野砲と砲弾を置き去りにしていたので、日本軍は多数の野砲と大量の砲弾を手に入れた。このため、日本軍は、戦利野砲部隊を組織した。奉天会戦では、この砲が五十六門使われたという）

同月廿六日、午前六時半、此処ヲ出発。第四、第三中隊ハ上石橋市ニ向ヒ出発。第一中隊ハ（クワコー）ト云フ処ニ向ヒ出発。午後四時目的地ニ到着。前方高地間ニ砲台築城。敵ハ約二千米ノ処ニ陣地ヲ工築シ有リ。此処ノ敵ノ陣地ハ盃頭山也。午後八時同地出発、後方約一里ニ退却。露営ス。

同月廿七日、午前二時半ニ起キ砲所ニ集合シ、砲台ニ向ヒ出発ス。途中坂有リテ困難セリ。同七時ヨリ射撃開始。午後五時迄勇猛ナル砲弾ヲ送リ、為ニ敵ノ陣地ハ沈黙ス。歩兵攻撃ヲ始メ、同七時盃頭山ヲ占領セリ。我ガ歩兵ノ負傷者多ク有リシコト。同八時、砲台出発シ、（クワ、、、コー）ニ帰営ス。

同月廿八日、午前五時ニ起キ命ヲ待ツ。

同月廿九日、大砲及ビ器具ノ手入レ。此日、佐世保ヨリ補助兵来タリ。午後九時ニ酒一合五勺、氷砂糖渡リシコト。此地ハ羊ノ多キ処也。

同月三十日、午前三時同地出発。途中ニ高地有リ。朝鮮令（※嶺）ト云フ坂有ル処ニシテ、坂上ニ寺有リ。此寺ノ前ニ露助四名ノ死者有リ。此ノ付近ハ木類多キ処ニシテ、東北約半里程ノ処ニ野戦病院有リ。負傷者多ク居リシコト。

午後五時、西部子家市ト云フ処ニ到着。此処ハ第十二師団ノ有ル処ニシテ、第四師団司令部ハ上石橋市ニ有リ。敵ハ沙河ニ有リテ子家市ヨリ約二千米突《くらい》ノ処ニ敵ノ前哨線有リ。砲弾、小銃弾ハ我ガ村落ニ落下シ居リタリ。此処ノ支那人ノ家ニ陣営。

（※突〜くらい、約ノ意ニ使用）

同月三十一日ハ、此処ニ滞陣。此日支那人ノかめ（※甕）ヲ取リテ湯ヲ沸カシ、入湯シタリ。

（十一月）

十一月一日、支那人、朝鮮人ハ軍用品ヲ送リツツ有リ。負傷者ハ毎日四、五名ツツ通リ居リタリ。

同月二日、午前八時、此処ヲ出発。北方約三千米突ノ処ニ寒山嶺ト云フ高山有リ。其山間ニ砲台築城、敵ハ此処ヨリ約千米突ノ処ニ有リ。砲弾、小銃弾雨降ル如ク、午後七時、滞陣地ニ帰営ス。

同月三日、午前五時ヨリ、砲台ニ進入。午後七時帰営。此日ハ、天長節ニテ酒一合、砂糖少シ、くつ下一足渡リシコト。

（※天長節～明治天皇の誕生日。祝日となっていた）

且又、此日状報午後八時着、「本日ハ露国皇太子ノ誕生日ニ付、露兵ハ此度ニ勇猛ナル勢ヲ以テ攻撃スル模様有リテ我ガ軍ハ能々防塁スベシ」トノ状報有リ。其夜ハ眠ルコト出来ズ困難セシコト。

（※能々～よくよく）

同月四日、午前六時、砲所ニ集合。前進ノ命ヲ待ツ。午後八時、前進ノ命無クシテ同地ニ宿営。此日ハ、衛兵ニ行キ寒サ甚ダシキコト。

同月五日、午前五時半同所出発、砲台ニ進入。此日ハ大雪降リテ旧九月廿八日ノコト也。午後七時帰営ス。同時ニ陸軍大臣ヨリ礼状有リ。

同月六日、滞在、此日防寒用一斉渡リシコト。

同月七日、練兵有リ。下給品ハ、酒一合、ハンケチ一筋、煙草四十本、菓子少シ渡リシコト。

同月八日、午前四時半ヨリ砲台進入、敵弾多ク落下ス。負傷者少ナシ。午後七時帰営。

同月九日、大砲手入レ。

同月十日、練兵。

同月十一日、午前五時ヨリ砲台進入。此日酒七勺ツツ渡リシコト。

同月十二日、滞陣、くつ下一足、状袋一枚ツツ渡リシコト。

同月十三日、大雪降リ。此日煙草十一本ツツ渡リシコト。

同月十四日、砲台進入。此日ハ午後一時ヨリ長山嶺ノ山間ニ予備砲台ヲ築城ス。午後七時帰営。

同月十五日、同所ニ砲台工築。此日佐世保婦人会ヨリ慰問袋送付シ来リシ中ニ、巻紙一本、筆一本、状袋十、くつ下一、煙草五十本、葉書五枚入レ有リタリ。此ノ慰問袋ハ、佐世保市濱田町・一瀬阿以ヨリ送付ノ品也。

此日ハ、衛兵ニ行キ寒サ甚ダシキコト。

同月十六日、滞陣。

同月十七日、砲台進入。

同月十八日、砲台築城。此日、佐世保ヨリ補助兵来タリシコト。

同月廿日、滞陣。

同月廿一日、砲台進入。午後七時帰営セリ。

同月廿二日、下平台子ニ予備砲台築城。

同月廿三日、砲台進入。

同月廿四日、薪取リ。此日紙拾五枚ツツ渡リシコト。

同月廿五日、滞陣。

同月廿六日、砲台進入。午後七時帰営。

同月廿七日、滞陣。
同月廿八日、大砲及ビ器具ノ手入レ。
同月廿九日、午前五時ヨリ砲台進入。午後八時帰営。
同月三十日、滞陣。此日衛兵ニ行キ、甚ダ寒キコト。

（十二月）

十二月一日、少シ病気ノ為メ休ミタリ。
同月二日、砲台進入。
同月三日、滞陣。
同月四日、同右。
同月五日、砲台進入。此日酒七勺ツツ渡リシコト。
同月六日、七日、大雪降リ滞陣。
同月八日、室内当番ニテ残リ。
同月九日、大雪降リ、此日ハ一尺以上積リシタリ。
同月十日、滞陣。此日多クノ支那人逃ゲ来リシコト。
同月十一日、砲台進入。午後七時帰営。寒気甚ダシク、寒暖計ハ零度以下二十八度ニ下ガリ、此日凍傷ニカカリタル病人、中隊ニ廿六名有リタルコト。
同月十二日、此日、酒七勺ツツ渡リシコト。
同月十三日、滞陣。此日煙草二拾本ツツ渡リシコト。
同月十四日、砲台進入。此日はがき六枚ツツ渡リシコト。
同月十五日、大雪降リ、此日衛兵ニ行キ寒気ノ為メ困難セリ。
同月十六日、滞陣。
同月十七日、砲台進入。
同月十八日、薪取リ。此日くつ下一足、はがき一枚ツツ渡リシコト。
同月十九日、薪取リ。
同月廿日、砲台進入。
同月廿一日、滞陣。酒八勺ツツ渡リシコト。
同月廿二日、薪取リ。
同月廿三日、砲台進入。
同月廿四日、薪取リ。
同月廿五日、滞陣。くつ下一足渡リシコト。

同月廿六日、砲台進入。

同月廿七日、滞陣。此日、恤兵部品、粟おこし一箱、はがき拾枚、くつ下一足渡リタリ。

此日、衛兵行キ。

同月廿八日、薪取リ。

同月廿九日、砲台進入。午後七時帰営。

同月三十日、滞陣。

同月三十一日、下給品モチ米五合、酒二合、煙草四十本、菓子少シ渡リシコト。

（明治三十七年終わる）

明治三十八年

（一月）

一月一日　砲台進入。午後七時帰営。此日、佐世保ヨリ補助兵到着セリ。午後十一時四十分着ノ電報ニ曰ク、「旅順港ハ陥落セリ」トノ状報ニテ、一同目ヲ開キ、万歳ヲ三唱セリ。

同月二日、三日、両日休ミ。

同月四日、砲台進入。

同月五日、薪取リ。

同月六日、衛兵行キ。

同月七日、砲台進入。

同月八日、九日、滞陣。

同月十日、砲台進入。

同月十一日、薪取リ。此日酒八勺ツツ渡リシコト。

同月十二日、滞陣。

同月十三日、砲台進入。

同月十四日、滞陣。此日午後七時ノ状報ニ曰ク、「敵ハ中立国ヲ通行シ、営口ニ出デ同地ヲ砲撃ス。電信、鉄道等ハ破壊セラレタリ。大石橋ニハ守備三個大隊本日到着ノハズ」。

旅順第三軍ハ、海城ニ到着。敵兵益々多クナリツツ有リ。此日、風病ニ罹リ休ミ。

同月十五日、滞陣。

同月十六日、砲台進入。此日午後八時廿五分着ノ状報ニヨレバ、「営口ヲ砲撃セシ敵ハ、我ガ軍ノ勇猛ナル射撃ノ為メ、死者六十名、負傷者五百余名、捕虜千二百名ヲ残シ、退却セリ」。

同月十七日、午前九時着ノ状報ニ曰ク、「敵ノ兵力約十三万、大砲二十六門ニシテ、同日安山店ニ通ズル鉄道ヲ壊シ、行ク先不明トナリタリ」。

同月十八日、滞陣。

同月十九日、砲台進入。

同月廿日、休ミ。

同月廿一日、午後着電報ニ曰ク、「我ガ大隊ハ本日ヨリ重砲兵旅団ニ属シ、大山総司令官ノ命令ニ従事スベシ」。

同月廿二日、砲台進入。此日酒七勺ツツ渡リシコト。此日、沙河方面ニ於イテ各旅団ノ会見有リシコト。

同月廿三日、廿四日、滞陣。

同月廿五日、砲台進入。此日、砲弾数十発、我ガ砲台ニ命中セシモ負傷者ナカリシコト。

同月廿六日、十二サンチ（※センチ）加農砲ノ砲台工築開始。

（※加農砲～カノン砲のこと。遠距離砲撃用の砲身の長い大砲）

同月廿七日、大雪降リ。此日午後三時ノ公報ニ曰ク、「第二軍ノ或ル一部ノ地点ハ、敵兵ニ占領サレタリ。敵兵ノ死者五百名以上、我ガ軍ノ死者三百名以下」。第二公報、同三時半着電ニ曰ク、「露都ニ於イテハ約七万ノ兵ニテ内乱ヲ起コシ、戒厳令ヲ発布セラレ、市街ニ於イテハ、老人、子供ノ死体ハ山ヲナシ目モ当テラレヌ程ニテ、露国皇帝ノ行先不明」トノ公報有リタリ。

（※露都サンクトペテルブルグにおいて、一月二十二日に起こった「血の日曜日」事件の情報が伝えられた。この事件は、皇帝ニコライ二世に対して、政治的な自由、戦争の中止、八時間労働などを、平和的に陳情しようとして、労働者やその家族などの市民約十万人が、露都を行進したことに対して、警備の軍隊が発砲した事件である。死傷者は二千名に及び、全国の労働者や知識人たちが抗議の運動を起こした。民衆の不満が高まり、第一次ロシア革命へと発展した）

同月廿六日、廿七日ノ両日ハ、第二軍ハ大激戦中。此日、煙草拾本ツツ渡リシコト。
同月廿八日、砲台進入。午後七時帰営。此日、酒八勺ツツ渡リシコト。
同月廿九日、大雪降リニテ、寒気甚ダシク困難セシコト。
同月三十日、砲台築城。此日敵ハ勇猛ナル砲撃ヲナシ、歩兵少尉一名死去ス。
同月三十一日、午前五時、砲所ニ集合シ、前進ノ用意ヲナシ、命ヲ待チ居リシコト。

（二月）

二月一日、砲台進入。

同月二日、砲台工事。

同月三日、休ミ。

同月四日、砲台進入。此日ハ旧正月ニテ、支那人ノ家ニ行キシ処、神前ノかざり物ハ、神前ノ前方ニハ白めし三盃ヲ山盛リシテ、赤キ木ノ実ト塩ヲ入レタル皿二盃ヲ其前ニスエ、其又前ニモ麦饅頭二盃、其両方ニ豆腐、うどんヲ入レタル皿二盃ヲスエ、其又前方ニろーそく立テ二個、其中ニ線香立テヲ飾リ、其前ニ焼酎及ビぶた肉等カザリ有リタリ。

日本兵行ケバ麦だご二個ツツヲ進上シツツ有リタリ。

午後七時、帰営シテ、旧正月元日ノ祝トシテ酒三合ヲ買イ、朋友三名ト神酒上ゲヲヤリタリ。

同月五日、六日、滞陣。

同月七日、砲台進入。此日ハ敵ノ総攻撃ノ模様有リテ、第二陣地ニ行キ命ヲ待チ居リシコト。

同月八日、九日、同ジ。此日、天皇陛下ヨリ粟おこし一箱、煙草弐拾本、酒二合ツツ渡リシコト。

同月十日、勅語奉読式有リタリ。

同月十一日、紀元節ニテ休ミ。午後四時、着電ノ公報ニ曰ク、「露国ヨリノ電報ハ官報ノミ。クロパトキンハ本国ニ帰隊ノ模様有リ。且又、大学校中止シッツ有リ」

同月十二日、休ミ。

同月十三日、砲台進入。此日衛兵行キ。

同月十四日、午前九時ニ天皇陛下ノ礼状奉読式有リ。其勅語ニ、天皇陛下ハ、寒気ノ時ニハ、ランドヲ御アタリニナルナレ共、本年ハ満州ニ出征シタル将卒ノ事ヲ御心配遊バサレ、火鉢ノ処ニモ御アタリニナラズ。大臣ヨリモ、御身体ニ風病ニカカラレテハ大切デアルト、御進言サレ候得シモ、御笑ヒ遊サレシママ、何ノ御返言モ無ク。常々御考エ遊バスニハ、如何ニシテ出征軍人ニハ、菓子、煙草、酒ヲアタエタイト思召シ居ラレルノミ。其他出征軍人ノ老母、妻、子供ハ如何ニシテ暮シテ居ルデアロウカト、ソノ儀バカリ御心配ナサレ、大臣ヨリモ、ビスケットハ水カワク物ナレバ、粟おこしガヨカロウト御言葉クダサレ給ヘリ。ヨリテ、松・竹・梅ノ印ハワルイカラ、菊ニ桐ノ紋ヲ入レヨトノ御言葉給ヒ、且又、病人ニハ粟おこしハ悪イカラ、ビスケットヲ給与セヨト御勅語有リタリ。

（※ランド～暖房のことか）

同月十五日、臼砲ノ交換アリ。

同月十六日、薪取リ。午後四時帰営シ、上平台子ニ芝居ヲ見ニ行キ、舞台ハ北向キ、太丸ハ天幕ニテ張リ、土地ニハアンペラヲ引キ、タマルニハ各国ノ旗ヲサゲ、前面ニハ藤ノ花ヲ切リ下ゲ、幕ハ桜ノ図ニ谷天座ト云フ大字ヲ入レ、立物ニハ金ふすまニ征露ト云フ大字ヲ入レ、前面ニハ将校集会所、右ハ下士集会所ヲ立テ、左ハ音楽隊、幕ノ詰まりし間ハ、音楽隊有リ。一年間ノ営ヲ慰メタリ。午後十二時帰営。

（※日本国内から戦地慰問団が行ったものと思われる）

同月十七日、砲台進入。

同月十八日、滞陣。

同月十九日、同右。

同月廿日、薪取リ。此日第十二師団、第一軍ニ従事セシコト。

同月廿一日、砲台工事。此日煙草二拾本、菓子少シ、酒一合ツツ渡リタリ。

同月廿二日、砲台築城。

同月廿三日、砲台進入。此日大雪降リ。

同月廿四日、出発準備ヲナシ命ヲ待ツ。此日第一軍ノ戦闘準備終リタリ。此日午後三時半ノ状報ニ曰ク、「鴨緑江軍ハ付近ノ高地二ケ所ヲ占領ス。且又、盃頭山付近ノ攻撃ヲ開始セリ」

同月廿五日、命ヲ待ツ。午後五時出発ノ命ヲ受ケ第二陣地ニ進入ス。此日ノ命令ニ曰ク、「(露将クロパトキン)ハ前哨線ヨリ一寸タリ共退却スレバ、我ガ刀ノ錆ニナレト部下ニ命令シタルトノ事ニ付キ、我ガ大隊ハ、之ニ向ヒテ勇猛ナル射撃ヲナスベシ」。午後五時半第三陣地ニ射撃ノ準備ヲナシ、此夜衛兵ニ行キシ処、敵ハ盃頭山ニ向ヒ勇猛ナル砲撃ヲナセシモ、遂ニ退却セリ。

同月廿六日、午前四時頃、野戦砲兵一個中隊(砲六門)ハ第三陣地ニ進入。同日我ガ大隊モ同陣地進入、命ヲ待ツ。

午後二時ヨリ野戦砲兵ハ射撃開始。雪降リ出シ寒サモ身ヲ切ルバカリ也。過牛六方(※村名)ニ向ヒ攻撃開始、敵ノ小銃弾雨降ル如クナリシモ、負傷・死者少シ。

同四時頃、過牛六方ノ村ヲ占領ス。此日ノ負傷者二名。小隊長歩兵小尉二名ハ、戦死セリ。

此夜、第二陣地ニ露営。寒サ甚ダシキコト。

同月廿七日、午前五時ヨリ同陣地ニ進入ス。午前七時ヨリ射撃開始。第一陣地ニハ敵ノ砲弾多ク命中ス。

此日、独立徒歩砲兵隊ノ軍団長・砲兵大佐負傷セリ。

午後八時、第二陣地ニ露営。

同月廿八日、午前七時半ヨリ前日ニ同ジ。敵弾我ガ陣地ニ命中シ、我ガ軍ノ砲弾ハ、八まき山、哨子山ニ命中セリ。

（※日露戦争の最大の山場である奉天大会戦は、三月一日から始まった。日本軍約二十四万、ロシア軍約三十二万が、奉天で決戦を展開した。日本軍の死傷者七万、ロシア軍の死傷者九万といわれている。

日本軍の一部が奉天から北に伸びる東清鉄道を脅かさんとしたので、ロシア軍は、退路を遮断されることを恐れて鉄嶺方面に撤退を始めた。日本軍は、三月十日、奉天を占領し、ロシア軍は、ハルビンに向かって退却したが、日本軍の各部隊は、砲弾と銃弾の大部分を使い果たし、ロシア軍を追撃することができなかった。今日から見れば、日露戦争は、ロシアと日本の侵略の野心が衝突した戦争で、朝鮮民族や中国民族に多大な犠牲を強いたことは、忘れてはならないことである）

（三月）

三月一日、前日ニ同ジ。敵ノ陣地ニハ能ク命中シ、弾幕ノ為メ向フ見エズ。右翼軍ニ於イテ捕虜四十九名、其他軍用品多ク取リシコト。盃頭山左翼ノ村ハ、砲弾ノ為メ大出火ヲ生ゼリ。此日、盃頭山南方ノ高地ニ有リシ野戦重砲兵ハ、敵弾雨降ル如ク命中シ、負傷者五名、馬四頭死去セリ。

三月二日、午前三時ヨリ、第三陣地ニ進入シ、沙河方面ノ村落ハ、砲弾ノ為メ大出火ヲ起コシ、同五時ノ状報ニ曰ク、「第十二師団ハ十字山ノ後方ヲ占領ス。目下十字山ヲ大攻撃中、梅沢旅団ハ前進攻撃ヲ開始シ、大激戦中也。第二軍ハ、本日奉天守山保ヲ占領ス」。

午後八時、同陣地ニ帰営。此日大雪降リテ困難ス。

此夜十一時ヨリ、前進ノ命ヲ受ケ、右翼ノ方面ニ向ヒ出発セリ。

此夜ハ一目モ眠ラズ、翌三日午前九時、長期済ト云フ処ニ着セリ。途中砲弾ヨク命中シ、負傷者二名ヲ出セリ。

或ル高地ノ間ニ砲台ヲ築城シ、敵ハ千八百米突ノ処ニ有リタリ。午後一時ヨリ射撃開始。敵ノ砲弾能ク命中シ、負傷八名、並ニ支那人七名死去セリ。此日午後四時頃、中隊長負傷セリ。

同九時ヨリ観測所工事ニ行キ、寒サ甚ダシク、一目モ眠ラズ困難セシコト。

同月四日、午前五時ヨリ射撃開始セシモ、敵ノ陣地ハ、岩山ニテ其効無ク、敵弾多ク命中シ、負傷者五名ヲ生ゼリ。我ガ隊ヨリ後方ニ有ル野戦重砲隊ハ、敵ノ砲弾ノ為メ、大隊長以下廿八名戦死セシコト。

午後六時半、退却ノ命ヲ受ケ、此陣地ヲ出発シ、大山三ケ所ヲ越シ、翌五日午前九時、上石橋市ニ出テ同十一時頃、下平台子第三陣地ニ到着。夜食・朝食無シ。実ニ困難セリ。此処ノ村ハ敵ノ砲弾ニテ出火ヲ生ゼリ。

此日迄、三日三晩眠ラザリシコト。午後五時ヨリ敵ノ十五サンチ砲弾命中シテ、歩兵五名負傷セリ。此夜野宿。

同月六日、第三陣地ニ行キ、午後四時ヨリ射撃開始。午後七時ヨリ歩兵ノ総攻撃開始。

同月七日、午前五時迄、勇猛ナル砲撃ヲナシ、八まき山ノ或一部ヲ占領セリ。我ガ軍ノ死傷者多ク有リシコト。此日、第三中隊ハ、梅沢旅団ニ属ス。左翼軍ハ、大攻撃中。

午後七時ノ状報ニ曰ク、「敵ハばらばらニナリテ退却ス。及ビ第一軍方面ハ白旗ヲ上ゲテ両方共戦死者ヲ始末シ方也」。

午後六時ニ至リ、第四方面軍ノ敵ハ、皆退却スルニヨリ我ガ大隊ハ、急射撃ヲナシタリ。同十一時頃、出発ノ命ヲ受ケ同十一時半ニ同陣地ヲ出発セリ。

同月九日、午前六時頃、ヘンギュロクホニ到着。此処ノ村ハ皆焼却シアリ。且又、日本兵六百人以上、支那人ノ家ニ積ミアリシコト。

沙河占領ハ、三月八日ノ午前五時頃也。途中困難ヲナシ午後五時頃、或村ニ到着、命ヲ待ツ。此処ニハ多クノ分捕品、小銃、砲弾、小銃弾薬車等山ノ如シ。露助ノ捕虜九名ヲ見タリ。

此夜ハ、此村ニ露営ス。

同月十日、午前五時出発シ、途中川五ケ所ヲ渡リ、油家台ヲ通行シテ或村ニ行キ、午後一時朝食ス。同二時此処ヲ出発シ、午後五時、小家子市ト云フ処ニ到着、命ヲ待ツ。此処ハ露助ノ居住地ニシテ多クノ墓地有リシコト。此処ノ電信、電灯ノ如キハ、皆壊シ有リシコト。

同六時半、前進ノ命ヲ受ケ、ショホダイト云フ処ニ午後十一時半頃到着。此処ニテ夕食ヲナシタリ。

此夜露営ス。

同十一時四拾分、着電ニヨレバ、「奉天陥落ス。奉天大出火、右翼軍ハ、白旗ヲ掲ゲテ降伏ス」。此日、露助ノ捕虜百拾五名ヲ見タリ。

同月十一日、午前五時ヨリ命ヲ待ツ。同九時、命ヲ受ケテ出発ス。中隊長ノ言ニ曰ク、「敵ノ主力ハ鉄嶺ニ有リ、我ガ大隊ハ之ニ向ヒテ追撃ス」。途中ニ渾河《コンガ》ト云フ大河有リ。広サ六百間以上（約千百メートル）モアリテ、皆氷張リタリ。其ノ上ヲ大砲ヲ引キ渡リタリ。河向フハ、露助ノ死者六拾五名有リタリ。午後三時状報、「捕虜三千五百名以上、分捕品、小銃弾等山ノ如シ。且又、多クノ死者ヲ残シ、奉天北方ニ退却中也」。同六時、小石台ニ到着。宿営ス。此夜衛兵ニ行キ多クノ負傷者ノ輸送ヲ見タリ。此処ハ露助ノ野戦病院ノ有ル処ニシテ、露助ノ負傷者五百名以上居リシコト。

同月十三日、午前四時半ヨリ此処ヲ出発シ、約一里程前方面ニ行キ命ヲ待ツ。同九時状報、「敵兵益々降伏スルニヨリ、目下取調中」。同十時半着電ニ曰ク、「今日午前四時迄ノ捕虜数ハ、五万以上、軍旗三流ト小銃弾薬数知レズ。其他大砲八拾門等也」。第四軍ハ鉄嶺ニ向ヒ大攻撃中、ヨリテ我ガ大隊ハ之ニ向ヒテ追撃ス。同時ニ此処ヲ出発シ、狐家子ト云フ処ニ午後五時到着シ、露営ス。此処ハ道悪クシテ困難セシコト。此処ハ石炭鉱ノ有リシ処也。此処ニ一日滞在。

同月十四日、午前五時出発シ、戦闘線ヨリ約一里程後方迄行キ、命ヲ待ツ。此処ハ第一太陽ト云フ村ニシテ、西方ノ村ハ第二太陽。我ガ隊ハ第三太陽ト云フ村ニ到着、宿営ス。

同月十五日、午前五時ニ起キ集合シ、同六時ニ此処ヲ出発シ、約二里程東北方面ノ高地ニ到着。砲台工築ヲ始メシ処、敵兵退却ヲ始メ、工事ヲ止メ約一里前方面ノ村ニ行キ露営ス。

此処ノ村ハエンリヤ屯ト云フ村落ニシテ、此ノ村ニテうどんヲ取リテ食シタルコト。

同日午後六時、天皇陛下ヨリ奉天陥落ノ礼状式有リテ、煙草二拾本ツツ渡リシコト。

同月十六日、午前四時ニ起キ、砲所ニ集合ヲナシ、同六時、状報着ス。「敵ハ鉄嶺ヲ捨テ退却。敵ノ主力ハ鉄嶺南方面高地ニ有ル模様也」。

同九時、此処ヲ出発シ五家屯ト云フ村ニ行キ、命ヲ待ツ。此処ニテ焼酎並ニぶたヲ取リテ食シタリ。此ノ村ニ宿営ス。

同月十七日、午前五時出発シ、約七里程後方ニ下ガリ、途中ハ風吹キごみ立チテ、土人形ヲ見タル如クニナリ、実ニ困難シタリ。

同月廿一日迄此処ニ滞陣。此日、だごヲ製造シテ食シタリ。

同月廿二日、午後六時出発シ、トーカコウト云フ村ニ到着。宿営ス。

同月廿三日、奉天付近迄滞陣ノ命ヲ受ケ、午後六時出発シ、途中河有リ。此ノ付近ニハ敵ノ死傷者多ク居リタリ。

午後一時、奉天街道ニ出テ、此処ニテ昼食ス。午後二時半、同所ヲ出発。途中ハ分捕品山ノ如シ。且又、露助ノ捕虜三百名以上ヲ見タリ。道ノ広サ四十間（約七〇メートル）以上有リタリ。

同四時半、奉天城ニ到着。城内ヲ見物ス。此日ハ、城外ニ露営シ、第三中隊、第二中隊ト共ニ出会ヒ一緒ニナリシコト。

同月廿四日、同地出発。午後一時頃、三里屯ト云フ村ニ到着。宿営ス。此処ハ支那皇族並ニ勇士者ノ墓地有ル処ニシテ、実ニ盛大ナル社有リ。此ノ付近ニハ、日本兵及ビ露助等ノ死者山ノ如ク有リタリ。

同月廿五日、大砲及ビ器具ノ手入レ。

同月廿六日、午前十時ヨリ大砲及ビ器具ノ検査有リ。同三十一日迄、雪降リタリ。

（※奉天から退却したロシアは、ハルビンを拠点として、シベリア鉄道によって、本国から五十個師団を増援し、大量の軍需物資を補給して、反撃の準備にかかっていた。日本は、激戦で多くの将兵を失い、戦線の拡大によって物資の補給も困難になり、戦力は限界に達していたので、鉄嶺付近で進攻を止めた。

戦況は、バルチック艦隊との決戦の成り行きを待つ状態となっていた。日本政府は、日本海海戦で我が国の連合艦隊が勝利した機会をとらえて、アメリカ合衆国に戦争の調停を頼んだ。同国大統領ルーズベルトは調停に乗り出し、幸いに日露講和交渉を仲介することになった。この裏には、我が国の働きかけがあったことは知られている通りである。

一方、ロシアも、「血の日曜日」事件以後、国内では、しきりにストライキが起こり、反政府の動きが強くなり始めたので、戦争の継続は困難と思われるようになっていた。

日露講和交渉の提案を、我が国は、六月十一日に受け入れ、ロシアは、六月十二日に受け入れた。戦線は、休戦状態になり、講和交渉の成り行きを見守ることになった。

日露講和条約は、九月五日に調印された
（※ロシア本国からハルビンまでをシベリア鉄道と呼んだ。ハルビンから大連までは、東清鉄道と呼ばれた）


（四月）


四月一日、休ミ。此日酒一合、煙草二拾本ツツ渡リシコト。

同月二日、休ミ。

同月三日、招魂祭ニテ、午後一時ヨリ式有リ。同一時半ヨリ芝居、相撲有リテ見物ニ行キシコト。

同月四日、砲台教練。

同月五日、大砲手入レ。午後大隊長ノ検査有リ。同十時頃大雪降リ。

同月六日、雪積ミタル為メ、休ミ。

同月七日、宿所ウツリ。此日煙草二拾本ツツ渡リシコト。此日ハ、三月三日ニテ山田君ト平江君ト酒集会ヲ開キシコト。

同月八日、室内ノ掃除。此日、酒一合七勺ツツ渡リシコト。

同月九日、衛兵ニ行キ副官ノ検査有リ。

同月十日、徒歩教練。

同月十一日、大風吹キ、午後一時ヨリ大雷トナリ、大雨降リタリ。

同月十二日、練兵有リ。此日恤兵部ヨリ酒一合五勺、粟おこし一個、陣中ゼンザイ五個渡リシコト。

同月十三日、奉天行キ。

同月十四日、炊事当番。

同月十五日、練兵有リ。此日野戦重砲兵旅団ニ集合アリテ、盛大ナル式有リシコト。

同月十六日、日曜。

同月十七日、砲台工事。此日会報、「大隊副官ハ、鉄嶺方面ニ行カレシ処、馬賊ノ襲撃ヲ受ケ、漸ク馬ニテ帰隊セラレシ」コト。

（※馬賊～騎馬盗賊の意。反乱農民の団体で、満州に侵入して来た外敵を追い払おうとして戦った。彼等はゲリラ戦の訓練を受けていて恐れられた）

同月十八日、舎内当番。

同月十九日、雨天ニテ小銃手入レ。

同月廿日、室内ノ掃除。

同月廿一日、大雪降リ。此日防寒用ヲ返納ス。

同月廿二日、大隊長ノ検査有リ。

同月廿三日、日曜。

同月廿四日、雨天、此日、酒一合三勺ツツ渡リシコト。

同月廿五日、練兵有リ。

同月廿六日、水曜ニテ遊ビ。

（※遊ビ～休日で自由時間となったこと）

同月廿七日、舎内当番。

同月廿八日、練兵有リ。此日、煙草二拾本ツツ渡リシコト。

同月廿九日、土曜ニテ休ミ。

同月三十日、日曜、此日、佐世保婦人会ヨリ、粟おこし三枚ツツ送付シ来レリ。

姓名・同市田川町一一三番、山下ギンより送付セル也。


（五月）


五月一日、練兵。此日、長崎市高野町平野□□□□チカより牛装一組送付シ来レリ。

其中ニ書キ添エ有リシ歌「もののふのこごゆる指を国民の熱き心にぬくめんと思ふ」。此日、酒八勺ツツ渡リシコト。

（※牛装一組～革製品のことか）

同月二日、大風吹キ実ニ悪日ナリシコト。此日、酒七勺ツツ渡リシコト。

同月三日、煙草廿本ツツ渡リシコト。

同月四日、舎内当番。

同月五日、行軍。

同月六日、遊ビ。此日、支那人ヨリ寄贈セシ焼酎一人ニ付キ三勺ツツ渡リシコト。

同月七日、遊ビ。

同月八日、練兵。

同月九日、同右。

同月十日、奉天見物。

同月十一日、練兵有リ。此日、煙草二拾本ツツ渡リシコト。

同月十二日、練兵。

同月十三日、室内ノ掃除。

同月十四日、雨天ニテ遊ビ。

同月十五日、練兵有リ。此日、慰問袋ヲ取リタリ。送付人・長崎県北松浦郡中里村　富川クマ。中ノ品ハ、状袋十枚、巻紙三拾枚、するめ二枚也。

　同日、恤兵部ヨリ手拭一筋渡リシコト。

同月十六日、雨天、仕役ニ行キシコト。此日、藤井中尉帰隊サレシコト。

同月十七日、夏服ノ検査有リ。

同月十八日、練兵。此日、煙草廿本ツツ渡リシコト。

同月十九日、練兵有リ。酒七勺ツツ渡リシコト。

同月廿日、大砲手入レ。昼はがき六枚ツツ渡リシコト。

同月廿一日、休ミ。

同月廿二日、練兵。此日煙草二拾本、酒七勺ツツ渡リシコト。

同月廿三日、舎内当番。

同月廿四日、練兵。

同月廿五日、大隊長ノ検査有リ。

同月廿六日、大雨降リ。

同月廿七日、奉天南門外ニ於イテ、満州軍総参謀長・陸軍大将児玉源太郎閣下ノ大砲ノ検査有リテ、午前三時、宿営地ヲ出発シ、同九時到着セリ。午後七時帰営ス。此日、酒六勺ツツ渡リシコト。

同月廿八日、小銃、夏服ノ手入レ、此日ノ状報ニ曰ク、「後備歩兵第五十五聯隊、同六十聯隊ハ、大連ニ上陸セリ」。

同月廿九日、奉天南門ニ於イテ児玉源太郎大将ノ検査有リ。

午後三時ノ公報ニ曰ク、「本廿七日、バルチック艦隊ハ、対馬海上ニ出デ、大海戦有リ。敵ノ戦闘艦二隻、巡洋艦三隻、水雷駆逐艦四隻ハ、沈没ス。我ガ艦隊ハ、損害少シ」。

同月三十日、衛兵行キ。

同月三十一日、休ミ。

（六月）

六月一日、第一中隊ヨリ七名ハ、三道溝停車場ヨリ西方、二道溝ト云フ処ニ砲台工事ニ出発セリ。午後三時ノ公報ニ曰ク、「ウラジオ艦隊司令長官一名、将校三名ヲ捕虜トセリ」。

此日、酒七勺ツツ渡リシコト。

午後三時ノ公報に曰ク、「敵ノ艦隊廿二隻ノ内、戦闘艦六隻、巡洋艦七隻、水雷艇九隻沈没セリ。内五隻ハ分捕リ、一隻ハ行先不明。捕虜六千四百人以上、バルチック艦隊司令長官負傷セリ。我ガ艦隊ノ損害少ナシ。目下取調べ中」。

同月二日、舎内当番。

同月三日、衛生講話。

同月四日、奉天城内見物ニ行キ、山田君ト二名ニテ、料理店ニ行キ見物セシコト。

同月五日、練兵。此日冬シャツノ返納。

同月六日、運河ニ通ズル川ヲ汲ミ、魚ヲ多ク取リシコト。

同月七日、遊ビ。

同月八日、練兵有リ。此日ハ旧暦五月五日ニテ神酒上ゲヲヤリタリ。

同月九日、十日。練兵有リ。本日ヨリ臼砲ノ砲弾返納。

同月十一日、同右。此日煙草二拾本、酒七勺ツツ渡リシコト。

此夜十二時過ギ後方ノ高地ニ於イテ、露助ノぼーこん（※亡魂）銃音ヲサセシコト。

同月十二日、十三日。練兵有リ。

同月十四日、雨天。

同月十五日、同ジ。

同月十六日、練兵有リ。此日、前進ノ命下ル模様有リ。

同月十七日、同ジ。

同月十八日、奉天ニ車返納。此日、酒一合五勺、煙草二拾本ツツ渡リシコト。

同月十九日、夏服渡リタリ。

同月廿日、出発ノ命ヲ受ケ荷物輸送、奉天停車場迄。

同月廿一日、午前八時、三里紅屯ヲ出発シ、奉天停車場ニ到着。午後八時ノ列車ニテ開原ニ向ヒ出発セリ。

（※開原は鉄嶺より北方）

同月廿二日、午前三時、鉄嶺ニ到着。同七時、中園停車場ニ着シ、此処ヨリ約二千米北ノ沙河子ト云フ処ニ到着シ、宿営ノ準備ヲナス。

同月廿三日、仕役。

同月廿四日、室内外ノ大掃除。

同月廿五日、雨天ニテ休ミ。本日ヨリ日課表左ノ通リ定メラル。

午前五時〜起床。同六時〜朝飯　同八時〜練兵開始

同十時〜診断　正午〜昼飯

午後一時〜三時迄午睡

同五時〜衛兵交代　同八時半〜点呼　同九時〜消灯

同月廿六日、井戸浚へ。

同月廿七日、同右。

同月廿八日、大砲手入レ。

同月廿九日、練兵。午後魚取リニ行キ、亀二匹、鮒六尾ヲ取リ、此時初メテ生キ魚ヲ食シタリ。

同月三十日、炊事当番。

（七月）

七月一日、奉天ニ買物ニ行キタリ。停車場ノ付近ニ東本願寺ヨリ出張ニナリシ慰問所有リ。見物ニ行キシ処、演説、幻灯会、蓄音器等有リ。実ニ面白ク有リシコト。

同月四日迄同所ニ居リ、同日午後五時半ノ列車ニテ帰隊セリ。

同月五日、野戦砲兵我ガ隊ニ七名入隊ス。且又、恤兵部ヨリ煙草二拾本、手拭一筋、菓子少シ渡リシコト。

同月六日、練兵有リ。此日扇一本渡リシコト。

同月七日、同右。

同月八日、大雨ニテ高水出テ、大隊本部ニ通行スル橋流レタリ。

同月九日、中隊当番ニ行ク。

同月十日、酒七勺、煙草三拾本ツツ渡リシコト。

同月十一日、十二日、同ジ。

同月十三日、炊事当番、此日魚取リニ行キ、鯉二匹、亀九匹ヲ取リタリ。

同月十四日、雨天ニテ休ミ。

同月十五日、野戦重砲兵第四聯隊ニ編成サル。

同月十六日、大砲手入レ。
同月十七日、同右。此日酒七勺、煙草二拾本ツツ渡リタリ。
同月十八日、練兵。此日山田君ハ弾薬大隊ニ入隊セシコト。
同月十九日、奉天ニ仕役ニ行ク。
同月廿日、同右。此日奉天城内ニ行キテ、（ジョマイ）一個買ヒ来リシコト。
同月廿一日、午前九時ノ列車ニ乗車シ、午後一時半鉄嶺ニ着シ、城内見物。同七時半ノ
列車ニ乗リ、帰営セリ。
同月廿二日、遊ビ。
同月廿三日、雨天。
同月廿四日、馬家（※馬屋）ノ材料取リ。
同月廿五日、同右。
同月廿六日、炊事当番。
同月廿七日、馬家作リ。
同月廿八日、中隊長ノ検査有リ。室内外ノ大掃除。
同月廿九日、馬家作リ。酒一合、煙草三拾本ツツ渡リシコト。

同月三十日、砲弾受領。

同月三十一日、雨天ニテ遊ビ。


（八月）


八月一日、衛兵。

同月二日、炊事当番。

同月三日、橋架ケ。此日ハ佐世保出発ノ日ニ付、記念ノ為午後酒会有リ。

（※明治三十七年八月三日に輸送船「さぬき」で出港した）

同月四日、橋架ケ。此日、はがき五枚ツツ渡リシコト。

同月五日、雨天、中園ニ大砲取リニ行キ困難セリ。此日酒七勺、煙草三拾本ツツ渡リシコト。

同月六日、橋架ケ。

同月七日、同ジ。午後ヨリ奉天ニ行ク。

同月八日、見物ニ行キシコト。

同月九日、午後六時半ノ列車ニテ帰営ス。

同月十日、大砲受領。

（※陸軍は、ドイツのクルップ社から、新しく口径十五センチの榴弾砲を購入し、明治三十八年七月にこの大砲が届いた。「大砲取リニ行ク」は、この大砲のことと思われる）


同月十一日、炊事当番。

同月十二日、馬買ヒニ行ク。

同月十三日、馬山家子ニ到着。宿営。

同月十四日、班家屯ニ到着ス。

同月十五日、馬受領。

同月十六日、同地出発。途中瓜ヲ食シタリ。

同月十七日、行軍。

同月十八日、新屯ニ到着シタル時、馬賊多ク居リ、小銃弾多ク取リシコト。

同月十九日、心台子ニ到着。宿営ス。

同月廿日、鉄嶺ニ到着。

同月廿一日、帰営ス。此日酒一合ツツ渡リシコト。此日、和知川原（宮崎市）ノ押川文吉ニ面会セシコト。

（※戦地で同郷出身者に出会ったのである）

同月廿二日、休ミ。
同月廿三日、仕役。
同月廿四日、同右。
同月廿五日、衛兵。此日はがき拾一枚ツヽ渡リシコト。
同月廿六日、大砲ノ演習。
同月廿七日、炊事当番。酒一合、煙草二拾本渡リシコト。
同月廿八日、舎内当番。午後衛兵行キ。
同月廿九日、馬家当番。
同月三十日、第二聯隊ニ車ヲ取リニ行ク。此日午後五時ヨリ衛兵行キ。
同月三十一日、練兵。

（九月）

九月一日、休ミ。本日ヨリ勅命ニ依リ、一等卒ヲ命ゼラル。
同月二日、大砲演習。
同月三日、同右。酒七勺、煙草三拾本ツヽ渡リシコト。
同月四日、同右。衛兵行キ。中園迄行軍。

同月五日、炊事当番。

同月六日、同右。

同月七日、水清溝迄行軍。

同月八日、中園迄仕役。

同月九日、大砲演習。

同月十日、同右。此日午後四時ノ状報ニ曰ク、「講和成立。小村全権委員ハ、本日帰国ノ筈ズ」。同午後三時ノ状報ニ曰ク、「敵ノ軍役夫白旗ヲ掲ゲテ書状ヲ持チ来タリ、其文言ニ曰ク、『何故ニ進撃スル、講和成立シタルニアラズヤ』トノ書状着セリ」。

同月十一日、衛兵行キ。

同月十二日、練兵。

同月十三日、同右。酒一合、煙草三拾本ツツ渡リシコト。

同月十四日、雨天ニテ休ミ。

同月十五日、衛兵。午後網投ゲニ行キシコト。午後五時休戦ノ命下リシコト。

同月十六日、練兵。

同月十七日、同右。

同月十八日、同右。
同月十九日、大掃除。
同月廿日、衛兵。
同月廿一日、経理部当番ニ行ク。
同月廿二日、同右。
同月廿三日、同右。
同月廿四日、此日冬服渡リシコト。
同月廿五日、廿六日、同右。此日酒一合煙草廿本ツツ渡リシコト。
同月廿七日、歩兵隊ハ後方ニ下ガル。
同月廿八日、霜降リ始メ寒サ甚ダシキコト。
同月廿九日、旅団長閣下ノ検査。十五サンチ砲ノ実弾射撃。
同月三十日、同右。

（十月）

十月一日、同右。此日当番交代。煙草三拾本ツツ渡リシコト。
同月二日、休ミ。

同月三日、休ミ。
同月四日、衛兵行キ。寒サ甚ダシキコト。
同月五日、下給品酒二合、煙草三拾本ツツ渡リシコト。
同月六日、本部仕役。
同月七日、大掃除。
同月八日、大雨。大掃除、検査有リ。酒一合、煙草三拾本ツツ渡リシコト。
同月九日、休ミ。
同月十日、仕役。
同月十一日、九サンチ砲返納。
同月十二日、大掃除。
同月十三日、大隊長ノ検査有リ。寒サ甚ダシ。
同月十四日、病気ニ罹リ入院ス。此日酒二合、煙草三拾本ツツ渡ル。
同月十五日、防寒用渡リタリ。
同月十六日、同ジ。（入院）
同月十七日、軍医ノ話ニヨレバ、病気全快ノ見込ミ無シ。

午後五時半ノ状報ニヨレバ、「講和条約ノ批准交換調印済」。

同月十八日、同ジ。（入院）

同月十九日、同ジ。

同月廿日、同ジ。此日大雪降リテ寒気甚ダシ。

同月廿一日、同ジ。

同月廿二日、午後退院ス。

同月廿三日、（病気）不全快ニテ又入院ス。

同月廿四日、全休。

同月廿五日、同右。

同月廿六日、同右。

同月廿七日、同ジ。此日慰問袋渡リタリ。広島市ヨリ送付ノ品也。品数ハ、半ケチ一筋、
サルマタ一、はがき一枚入レアリタリ。

同月廿八日、同右。

同月廿九日、同右。

同月三十日、同右。

同月三十一日、全体。

（十一月）

十一月一日、同右。

同月二日、同右。

同月三日、同右。此日下給品酒二合、煙草四拾本、菓子一個、みかん一個、かまぼこ二切レ、鯛ノ味噌漬ケ一切レ渡リシコト。

此日芝居、音楽隊、相撲、競馬会、運動会有リ。

同月四日、同右。（入院）

同月五日、退院ス。

同月六日、同ジ。

同月七日、同ジ。

同月八日、同ジ。此日下給品酒二合、煙草四拾本、朝鮮アメ等渡リタリ。

同月九日、勅語奉読式有リ。此日雪降リ。

同月十日、此日支給金拾銭ツツ渡リシコト。

同月十一日、同ジ。

同月十二日、同ジ。

同月十三日、同ジ。此日会報、「開原前方高地ニ於イテ、第六師団ノ兵三名、狼ニ食ワレタルニヨリ用心スベシ」。

同月十四日、同ジ。此日酒二合、煙草三拾本ツツ渡リタリ。

同月十五日、同ジ。

同月十六日、病気全快ス。此日恤兵部ヨリ餅一袋ツツ渡リシコト。

同月十七日、天皇陛下ヨリ、満州軍一同ニ休養ヲ給フ。

同月十八日、十九日、休ミ。

同月廿日、炊事当番、此日酒二合、煙草三拾本ツツ渡リシコト。

同月廿一日、休ミ。

同月廿二日、開原方面ニ一宿行軍。

同月廿三日、午後五時帰営。

同月廿四日、衛兵。

同月廿五日、此日ヨリ中隊当番。

同月廿六日、同ジ。此日酒二合、煙草三拾本ツツ渡ル。

（十二月）

十二月二日迄、中隊当番。

同月三日、富永高次ニ面会ニ行キシコト。此日酒三合、煙草二拾本渡リシコト。

同月四日、炊事当番。

同月五日、六日、衛兵。

同月七日、休ミ。

同月八日、炊事当番。此日酒二合、煙草三拾本ツツ渡リシコト。

同月九日、十日、同ジ。

同月十一日、戦闘射撃（訓練か）。

同月十二日〜十四日迄ニテ当番終リ。此日酒二合、煙草二拾本ツツ渡ル。

同月十五日、十六日、十七日迄休ミ。

同月十八日、仕役。

同月十九日、大雪降リ。

同月廿一日、衛兵。

同月廿二日、廿三日、廿四日、廿五日、同右。

同月廿六日、同右。此日酒二合、煙草三拾本ツツ渡ル。

同月廿七日、モチ米五合、そば粉、小豆、砂糖渡リシコト。

同月廿八日、餅ツキ。

同月廿九日、大掃除。

同月三十日、門松立。

同月三十一日、正月下給品渡ル。其品数ハ、一人ニ付酒五合、カズノ子拾匁《もんめ》、みかん五個、スルメ半枚、煙草四拾本、かき二個、そばの粉二合、砂糖拾匁、小豆一合ツツ渡リシコト。

明治三十九年

（一月）

一月一日、元日ヨリ三日迄休ミ。此日（三日）鉄嶺ニ仕役ニ行ク。

同月四日、練兵有リ。

同月五日、天皇初会祭ニテ休ミ。

同月六日、練兵有リ。此日、中国兵站部引上ゲ。

同月七日、雪降リ。
同月八日、九日、大砲積込ミ演習有リ。
同月十日、衛兵。
同月十一日、小銃射撃。
同月十二日、十三日迄練兵。
同月十四日、下給品酒二合、煙草四拾本ツツ渡ル。
同月十五日、仕役。
同月十六日、小銃戦闘射撃（訓練）。
同月十七日、凱旋準備始マル。此日寒サ甚ダシキコト。
同月廿日迄、馬ノ身体検査。此日寒暖計ハ零下三拾六度ニ下ガリシコト。此日酒二合、
　煙草三拾本ツツ渡ル。
同月廿一日、炊事当番。
同月廿二日、同ジ。
同月廿三日、同ジ。此日小銃射撃（訓練）。
同月廿四日、同ジ。

同月廿五日、同ジ。旧正月元日ニテ酒会ヲヤリタリ。此日大雪降リ。

同月廿六日、武装検査。

同月廿七日、同ジ。

同月廿八日、大雪降リ。開原停車場迄品物輸送。此日下給品酒二合、煙草二拾本渡リシコト。

同月廿八日、開原停車場ニ大砲輸送。

同月廿九日、宿営地出発準備。此日第二大隊弾薬隊及ビ聯隊本部出発。此日我ガ大隊ハ、大隊長ノ武装検査有リ。大雪降リニテ寒サ甚ダシキコト。此日午後ヨリ衛兵。

同月三十一日、午前五時ニ起キ、宿営地出発。同十一時半、開原停車場ニ到着。宿営ス。


（二月）


二月一日、午前十時ヨリ大砲及ビ材料ノ積込ミ。午後二時終リタリ。同五時半発列車ニテ鉄嶺ニ向ヒ出発。同八時半鉄嶺着。寒サ甚ダシク困難セシコト。

同月二日、午前九時発ノ列車ニテ鉄嶺ヲ出発シ、同日午後二時奉天城ニ到着、昼食ス。

同日午後八時遼陽城着。夕食。

同月三日、午前七時、熊岳城ニ着、朝食ス。午後一時半瓦房店ニ到着シ昼食。同六時半金州城ニ到着。夕食ス。同十時二分、大連ニ到着。検査ヲ受ケ甘酒渡リシコト。

同月四日、退陣。此日キリスト教会慰問部アリテ、蓄音器、芝居、活動写真有リテ見物ニ行キタリ。

此日、弾薬大隊第二大隊出船。此日下給品煙草五拾本、氷砂糖一斤、酒一合ツツ渡リシコト。午前十時ヨリ大連市見物。午後芝居見物。

同月六日、午前乗船準備。船名「八幡丸」。第四聯隊本部第一大隊、弾薬大隊等也。午後一時乗船。出港。船長ヨリ酒五勺、みかん五個ツツ渡サレタリ。海上無事通航シ、九日午前十一時、門司港大里検疫所ニ到着、上陸ス。午後三時門司市ニ着。宿営ス。

同月十一日、午前九時同地出発。市民ヨリ音楽隊ヲ以テ見送リタリ。午後三時、小倉市ニ到着。宿営ス。

同月十二日、午前八時半発ノ列車ニ乗リ、同地出発。午後四時半、佐世保停車場ニ到着、下車ス。同五時帰隊。

歓迎人山ノ如ク、万歳ノ声ハ天地ヲ動カスバカリナリ。

此日、隊ヨリ正宗（※酒の銘柄）一本、菓子一袋、みかん三個ツツ渡リ、万歳ヲ三唱シ、祝式有リ。

同日市中ニ宿泊ス。此日、結城雪松面会ニ来タリ、酒二升進上セリ。

同月十四日、盛大ナル満州退営式有リ。

同月十五日、佐世保市有志並ニ市民、同市婦人会員一同ヨリ歓迎会ヲ開キ、盛大ナル御馳走有リタリ。

同月十六日、満期（除隊）。午後一時ノ列車ニテ佐世保ヲ発シ、熊本ニ同九時到着。宿舎ニ着キ翌十七日ハ滞在。市中見物。午後清正公神社ニ参拝セリ。

同月十八日、同地出発。大口ニ到着。宿舎ニ着ク。

同月十九日、小林ニ着キ一泊ス。

同月廿日、紙屋ニ到着、一泊ス。

同月廿一日、午前十一時半頃、高岡ニ到着、帰郷ス。


日誌は、この日で終わり、余白に以下の記載がある。

露国ノ捕虜数左ノ如シ

将官　拾人
佐官　七拾人

尉官　八百八人
下士　八千五百五十八人
兵卒　五万七百六十九人
合計　六万二百二拾五人

バルチック艦隊捕虜数

ロゼストウエンスキー中将　一人
ネボカトフ少将　一人
以下　六千百四十二人
合計　六千百四拾二人
総計　六万六千三百五拾七人

日本捕虜　千五百人以上

……………………………………

日本講和全権委員　外務大臣　小村寿太郎
特命全権大使　高平小五郎

露国全権委員　ウイッテ
特命全権委員　ムラビヨフ
別ニ北京駐在露国公使　ポコチローフ

……………………

佐世保から八代迄の停車場名（原文はひらかな書き）

一　佐世保停車場　十九　渡瀬
二　早岐　二十　大牟田
三　三河内　廿一　長洲
四　有田　廿二　高瀬
五　三間坂　廿三　木葉
六　武雄　廿四　植木
七　北方　廿五　池田
八　山口　廿六　春日

九　牛津
十　久保田
十一　佐賀
十二　神崎
十三　中原
十四　鳥栖
十五　久留米
十六　羽犬塚
十七　矢部川
十八　瀬高

廿七　川尻
廿八　宇土
廿九　松橋
三十　小川
三十一　有佐
三十二　八代

日露戦役各軍司令官

満州軍総参謀長　陸軍大将・男爵　児玉源太郎
満州軍総司令官　陸軍大将・侯爵　大山　巌
第一軍司令官　陸軍大将　黒木為楨

第二軍司令官	陸軍大将	奥　安方
第三軍司令官	陸軍大将	乃木希典
第四軍司令官	陸軍大将	野津道貫
鴨緑江軍司令官	陸軍大将	川村景明
満州軍守備司令官	陸軍大将	西　勘次郎
重砲兵旅団長	陸軍少将	牛島光三
同　第四聯隊長	陸軍砲兵大佐	志村久米治
同　　副官	陸軍砲兵大尉	猪古藤四夫
同第一中隊長	陸軍砲兵大尉	城見多見哉
同第一小隊長	陸軍砲兵中尉	堤　畋一
同第二小隊長	陸軍砲兵中尉	藤井清次
同第三小隊長	陸軍砲兵中尉	高島市郎
同観測隊長	陸軍砲兵大尉	平田盛吉
同予備隊長	陸軍砲兵少尉	片山□哲
同第六分隊長	陸軍砲兵軍曹	住　市之助

同分隊付砲兵伍長　　　　　　　　　　福留梅吉

（長友辨太郎　明治三十七・三十八年戦役出征日誌　終わり）

三　日誌に見る長友辨太郎

(一)　召集・入営

明治三十七年（一九〇四）二月七日に出発して、十日に佐世保要塞砲大隊に入営した。日清戦争を経験した我が国は、国内の戦時動員体制を整えており、兵員召集に応じて軍団に入隊する者のために、行政的な措置も整えられていた。県古公文書「陸海軍召集」（明治三十・三十一年）によれば、召集される兵員への対応として、次のような事務細則が出されている。

★第六師団召集事務細則（抜粋）

第一条　召集ノ事ハ載セテ陸軍召集条例同施行規則ニ詳ラカナリト雖モ、所官ノ服行スヘキ細務ヲ規定スル為更ニ此細則ヲ設ケテ、其ノ取扱ノ順序方法ヲ明確ニス

第二条　充員ノ事タル最モ急速ヲ尊ブヲ以ッテ、之カ処理ニ任ズルノ諸官ハ条例、同施行規則、……平時能ク之ヲ講究シ置キ事ニ臨ンデ指揮訓令ヲ仰グヲ許サズ

第三条　動員ノ為聯隊区司令官ハ、充員交付官区分表ニ依リ、其ノ召集事務所ヲ設置スヘシ……（以下略）。

第四条　事務所ニハ、応召員ノ目標ニ便ナラシメンカ為メ、昼間ハ「何聯隊区召集事務所」ト大書シタル標札ヲ掲ケ、夜間ハ之ニ換フルニ挑灯ヲ以ッテス……

（以下略）

標識ヲ植立スル場所

熊　本

長六橋畔　　安巳橋

明午橋畔　　大津街道（立田口巡査交番所近傍）

菊地街道（三間町）　　京町口（本町学校前）

段山口（町外レ）　　高麗門（堀端）

（以下略）

第五条　事務所ニハ、毎聯隊区ニ雇夫三名並ニ左ノ物品ヲ置クヘシ

一　机　　一　椅子

一　大硯箱属道具　　一　三尺腰掛

一　薬缶　　一　茶碗　（以下略）

第六条　事務所ニ適宜ノ建物ナキトキハ、天幕若シクハ厰舎ヲ仮設スヘシ……（以下略）

第七条　陸軍充員旅費ハ、動員発令ト同時ニ、師団司令部ニ旅費ノ請求ヲナシ、監督部ハ其請求ニ対シ直ニ其発送ノ順序ヲ定メ、支払命令ヲナスヘシ……（以下略）

これによれば、各師団区ごとに街道筋に応召員を案内する事務所が設置されていて、入隊の地まで適切に案内がなされたものと思われる。

当時は、地方からの入隊者の交通手段は、徒歩か馬車、都市部に至って漸く鉄道を利用する状態であった。

日誌には、入隊までの途中記録がないので、どの道筋を利用したかは明確にできない。しかし、明治三十七年二月七日に大宮村下北方を発して、四日めの二月十日には佐世保に到着している。

明治二十九（一八九六）年に門司～八代間鉄道開通、同三十六年に鳥栖～佐世保間鉄道開通となっているから、八代から鉄道を利用したものと推測される。

明治三十七年五月二十日に召集を受けた西米良村村所の黒木鹿三郎の日誌（「米良風土記」中武雅周著　昭和五十四年）によると、黒木は、次のような道筋を辿って熊本に至っている（黒木は衛生兵）。

「二十二日村所～横谷～球磨郡多良木着（徒歩）一泊。二十三日多良木～人吉（徒歩）。人吉～八代（川船）。八代～熊本（鉄道）」

長友辨太郎の場合は、宮崎～えびの、えびの～人吉、人吉～熊本、熊本～鳥栖～佐世保のコースを辿ったのではないかと思われる。

日清戦争を経験した我が国は、拠点に兵員を召集して掌握する行政システムを完成させていた。

(二)　入隊・訓練

長友は二月十日、佐世保要塞砲兵大隊第二中隊に入り、同日に北松浦郡山口村高后砲台の守備隊に配属されている。ここで五カ月の訓練を受け、七月五日徒歩砲兵第二独立大隊第一中隊に編成され、佐世保に移動する。

七月二十九日から、北松浦郡相之浦村で実弾射撃に従事する。

八月一日に佐世保に帰営し、海兵団に集合、輸送船「さぬき丸」に乗船して大陸に向かった。

(三) 上陸・戦線へ

八月六日、遼東半島東の大連湾に入り、馬、大砲、弾薬等を揚陸して列車に積み、兵員は行軍して錦州城に向かった。

途中雨のため困難して行軍する。「途中畑多クシテ農作ハ高キビ、粟、大豆、小豆、野稲、トウキビ等ノ類ニシテ他ノ作物ハ無ク、道甚ダ悪シテ……我々ハ三十五名ニテ高キビ畑ニ露営シ、寒サニ困難セシコト」と記している。

旅順湾第一次総攻撃の直前の時期で、錦州には砲声が殷々《いんいん》とこだましていた。

八月十日、竜馬屯に着いた。「此処迄ノ間ニモ大根、蕪、人参多クアリシコト」と記して、農作物への関心を示している。

農村出の兵士には、作物を踏みつぶして行くことには、心が痛む思いがあったのではないか。

十一日、華蘭店に着く。「夕食ハぱん、朝ノ菜ハ梅干一個ヲ二人ニテ食ヒタルコト」と書いている。戦場の厳しさが漸く迫り始める。

十三日、得利寺から長河屯に向かう。「此日ハ雨天ニテ高水出テ、数カ所ヲ渡リ困難セリ……鉄道、電信線ハ皆破壊シ有リ……野戦病院ノ有ル処ニテ、負傷者多ク居リシコト」と書いている。

十五日には、「途中ハ道甚ダ悪ク、川ハ高水ニテ渡シ場所首迄入り、車ヲ引キ、二ヶ所ノ川ヲ渡リ、寒サハ身ヲ切ルバカリニテ……」と記す。雨期の南満州で、雨に悩まされている。

長友の所属する第一中隊は難渋の行軍をして、やがて戦闘線に到着する。海城付近であった。

八月二十七日「午後三時頃、戦闘線ニ到着セリ。途中ニ多クノ露兵捕虜ヲ見タリ。……」

翌二十八日「午後五時、安山店(站)ニ到着。敵ハ三個聯隊ヲ加エ大砲十六門ヲ増シ我軍ニ勇猛ナル砲撃ヲナセシ処也」

三十日「午後四時、我ガ隊ハ前方高地ニ進入シ、砲戦ノ命ヲ受ケ砲台工事ヲ始ム。同六時ヨリ十八門ニテ発射ス。敵ノ弾丸雨降ル如クニシテ、一時間内ニ負傷者六名、死者二名ヲ出セリ。此日雨天ニシテ頭ヨリ濡レ、寒サハ寒シ食事ハ無シ。午後八時過ギ一里程後方ニ下ガリ高キビ畑ニ露営セリ。……此夜、歩兵ノ大激戦アリ。小銃ノ音ハ地雷ノ如クナリシモ敵退却セズ。我ガ軍負傷者、死者ハ山ノ如シ」

　前述の黒木鹿三郎の日誌によると、彼はこの戦場で衛生隊として活動している。その日誌に次の記述がある。

　八月二十八日「……敵は安山店《(站)》の険による。砲戦はさほど激しからざるも小銃の激しき事、敵は一斉射撃と砲戦なり。彼我の距離は五十メートル位にて……包帯所開設し負傷者救護にかかる。何分激戦のため死傷の多き事……彼我互いに突貫を連続し、彼も我も死を決するは元よりなるも、歩兵第二十三聯隊の如きは、一人残らず一歩も退却する事ならずとの聯隊長の命令。依って敵は遂に安山店《(站)》を退却す……昨夜彼我の死傷は数百ありという。一睡もせず」と。

　この後、沙河、遼陽戦が始まった。長友日誌は次のように記している。

　九月一日「午前八時、敵ノ砲台ヲ占領シ、同九時ヨリ前進ノ命ヲ受ケ、約一里前方ノ高地、方家屯ト云フ処ニ同十時ニ到着シ、砲台工築ヲナシ、午後五時ヨリ砲戦ヲ開始、午後六時半頃迄、百十六個ノ砲弾ヲ発射シ、敵ノ砲台ヲ全滅ス。同七時ヨリ遼陽停車場ハ出火ニ成リタリ、此日、負傷者五名、死者無シ」

九月三日「午前四時ヨリ至急射撃ヲ開始シ、廿四門砲台ヨリ一斉射撃ニテ勇猛ナル砲弾ヲ送リタリ。我ガ軍ノ負傷者数知レズ。……」

九月四日「午前七時、此処ヲ出発シ遼陽城ニ向ヒ前進ス。途中食事無シニテ車ヲ引クコト出来ズ。支那人ノ作リタルなすび、なんばん、等ノ野菜、粟等ヲ取リテ、塩ヲ持チテ炊キ食事シ、前進スルコトヲ得タリ。……午後四時遼陽城ニ到着セリ」

九月五日「此処ニ滞在、此日ハ雨天ニテ高水出テ露兵ノ死者多ク川ヲ流ルルヲ見タリ。此日初メテ出征以来顔ヲ洗イタルコト……」

戦地では顔を洗う暇はなかった。彼が顔を洗ったのはおよそ二カ月ぶりということになる。過酷な毎日である。

このような状況下でも、毎日の日誌が書かれていることに感心せざるをえない。

黒木鹿三郎の日誌は、この地域における状況を次のように述べる。

八月三十一日「引き続きたる激戦、前日より一層激しき為、軍の死者数増す。敵は益々勇勢にして第二十三聯隊長はじめ各隊長、中隊長、小隊長皆戦死、負傷、残るは僅か二十名位ずつ……或はすべて全滅と聞く。数十回の突貫に全滅。同日日暮れに左翼高地下に後備大隊を増加せしむ。各隊の予備も残らず増加せしも其効無く……」と。

日本軍の戦法が、敵陣への突撃を繰り返し、損害が大であったことがわかる。

この後、奉天に向かって戦場は北上する。

十月十二日「午前六時此処ヲ出発シ、西方ニ向カヒ約一里程行キテ休ミ命ヲ待チ居リタリ。此処ニモ敵弾雨降ル如ク来リタリ。

十一日、十二日休ミタル処ヨリ東南ニ見エル高地ニ於イテ、第十師団追撃ノ為、敵ノ大砲三十五門、兵卒千人以上捕虜トス。砲弾千二百発以上、ソノ他小銃弾薬数知レズ。……」

十六日「途中寺山ト云フ山アリ。……此山ヨリ約半里程ノ処ニ石山ト云フ大山アリ。此処ニハ、日本ノ死者並ニ露兵ノ死者山ヲ築キ、大激戦ノ有リシ処ナリ」

十七日「……此夜ハ雨天ニテ我ガ砲兵旅団ハ、敵夜討ノ為メ、大砲十八門並ニ人馬共捕虜ニサレ……此夜ノ十一時頃、敵夜討甚ダシク、勇猛ナル激戦ヲナシタリ。……」

この夜のロシア軍の夜襲によって、砲兵一中隊が大砲ごと捕虜になったことを記している。激戦に次ぐ激戦を凌いでいる。

二十五日「……第四中隊第一小隊ハ石川中尉ノ命ニヨリ、戦利加農（戦利品のカノン砲）ニ編成、第四軍ニ属ス。午後七時面家府ト云フ処ニ到着、此ノ間岩山寺山ト云フ処有リ。何レモ大激戦ノ有リシ処ニシテ、両軍戦死者山ノ如クニシテ、ロシア人子供一名モ死シ居リタリ」と戦場の悲惨さを日誌に記す。

黒木鹿三郎の日誌によると、十月十二日の戦闘について次の記述がある。

「十二日……敵は僅か六百メートル以内に接近し、愈々《いよいよ》戦闘激烈となり、午前十一時頃、敵は退却の模様、歩兵四十五聯隊は突貫の準備を整へ我が砲兵後方より援護射撃として激しく打ち出す。……敵躊躇し退却する。我が砲兵激しく打ち出し命中する……。衛生隊は負傷者収容に全力を尽くす。其の時、敵の死傷の有様は首山堡攻撃の如し。敵は屍山を築き、負傷者は半泣し畑や溝の辺に手を合わせ、我が赤十字旗章を見て拝む。実に惨憺《さんたん》たる有様。同日収容せし我が負傷者四百、敵の死傷者数知れず。同日敵の砲二十四門を取る」と。奉天に向かう戦いの激しさを伝えている。奉天の陥落は明けて明治三十八年三月十日であり、この後半年間このような戦いが続いていく。

奉天に接近した時期、明治三十八年二月末日から三月始めの日誌を引用しておく。

明治三十八年二月二十八日「午前七時半ヨリ前日ニ同ジ。敵弾我ガ陣地ニヨク命中シ、我ガ軍ノ砲弾ハ八マキ山、硝子山ニ命中セリ」

三月一日「前日ニ同ジ。敵陣地ニハ能ク命中シ、弾幕ノ為メ向フハ見エズ。右翼軍ニ於テ捕虜四十九名。其他軍用品多ク取リシコト」

三月二日「午前三時ヨリ第三陣地ニ進入シ、沙河方面ノ村落ハ砲弾ノ為メ大出火ヲ起コシ、同五時ノ情報ニ曰ク……第十二師団ハ十字山ノ後方ヲ占領ス。目下十字山ヲ大攻撃中、梅沢旅団ハ前進攻撃ヲ開始シ大激戦中。第二軍ハ本日奉天首山堡ヲ占領ス……。午後八時、同陣地ニ帰営、此日大雪降リテ困難ス」

三月四日「午前五時ヨリ射撃開始セシモ敵陣地ハ岩石ニテ其効無ク、敵弾多ク命中シ、負傷者五名ヲ生ゼリ。我ガ隊ヨリ後方ノ高地ニ有ル野戦重砲隊ハ、敵ノ砲弾ノ為メ、大隊長以下廿八名戦死……」

ここでは、夜食も朝食も無く戦いが続き、三日三夜眠らずと記述している。

同時期の黒木鹿三郎の日誌からも、衛生隊の模様を紹介しておく。

「三月二日……同夜も絶間なく銃戦なり。第一線五回運搬したる時夜明けたり。収容済みなり。昨日の昼食より夕食パンを食す。

同日負傷者第十三聯隊二百余名、第四十五聯隊二百名以上、衛生第一中隊二十四名、第二中隊二十七名、即死二名。皆収容す」
「三月三日……戦線仮包帯所より運搬す。午前二時なり。包帯所より病院（野戦病院）迄約一千メートル、今日迄負傷者総数四百三十余名なり……」

激戦の最中、衛生隊も休む間もなく、負傷者の搬送に当たっている様がわかる。しかも、接近戦であるため、衛生隊にも多くの死傷者を出している。

日露戦争時の兵士は、我が国の近代教育制度の中で育った小学校高等科卒の者が最大の供給源となっていたとされる。いわゆる天皇制イデオロギーの浸透度の高い階層であったといわれる。

ここに引用した日誌の著者の二名も、そういう階層である。戦場の中で、黙々と義務を果たしている様子が見える。しかも戦陣の寸暇を見て、冷静に日誌を書き続けていることにも、そのことがうかがわれる。

(四) 大陸の冬

日露戦争に出兵した軍隊は、大陸の冬の気候に未経験であった。

明治三十五（一九〇二）年一月に、日露戦争を想定して行った青森の歩兵第五聯隊の訓練が、悲惨な結果に終わったことは『八甲田山死の彷徨』（新田次郎著）として、今日よく知られている。

日誌の中から、極寒の大陸の冬についての記述を取り上げておく。

★明治三十八年一月十日（長友辨太郎日誌）

「……寒気甚ダシク寒暖計ハ零下廿八度ニ下ガリ、此日凍傷ニカカリタル病人、中隊ニ六名有リタリ」

★明治三十八年二月一日（黒木鹿三郎日誌）

「今夜は厳寒にして雪は六寸以上積み、深き所は三尺以上も積み居りしが、同夜は晴天なるも寒暖計は零下三十度にして、睫毛《まつげ》も氷り鼻腔も氷り、口毛には皆悉く氷下がり、息の為防寒外套の前には氷二寸位下がり……午後六時携帯パン二枚を食し十時頃二枚を食したるも、荷物重く里程は遠く、雪の為歩行困難す。

十一時頃より追々一、二名ずつ倒れ始め、三、四時ころには数十名遅れたるも、戦闘中なれば止むを得ず。

健康なるもののみ前進す。凍傷にかかり途中病院に収容されしもの三名あり。最早倒れんばかりの時夜明け、第八師団の包帯所に着す。包帯所の有様、同所には死傷数知れず。

……黒溝台の戦闘は、雪中の戦闘にて壕を掘ることも出来ず、只勇敢を以て占領す。死体は石の如く氷り、手足曲することも出来ず、彼我の屍は山を築き、其の惨憺たる有様注目筆記し難し……第八師団には二百名以上の凍傷者出たる由」

㈤　天皇と御下賜品

前線には、明治天皇のお言葉や慰問の御下賜品が届けられている。

★明治三十七年九月（遼陽占領の後）

九月九日　午後六時ヨリ勅語奉読式有り。

同十二日　午後一時半ヨリ皇后陛下ノ礼書奉読式有り。

同廿五日　皇后陛下ノ礼状アリ。

十月十九日　午後四時天皇陛下ノ礼状奉読有り。

★明治三十八年

二月九日　此日天皇陛下ヨリ粟おこし、煙草二拾本、酒二合ツツ渡リシコト。

二月十日　勅語奉読式有リタリ。

二月十四日　午前九時ニ天皇陛下ノ礼状奉読式有リ。其勅語ニ、天皇陛下ハ寒気ノ時ニハ、ランド（暖房のことか）ヲ御アタリニ成ルナレドモ、本年ハ満州ニ出征シタル将卒ノ事ヲ御心配アソバサレ、火鉢ニモ御アタリニナラレズ……常々御考エ遊バスニハ如何ニシテモ出征軍人ニハ菓子、煙草、酒ヲ与エタイト思召シ居ラレルノミ。……大臣ヨリモ、ビスケットハ水ノかわく物ナレバ、粟おこしガヨカロウト御言葉下サレ給ヘリ。ヨリテ松、竹、梅ノ印ハワルイカラ、菊ニ桐ノ紋ヲ入レヨトノ御言葉給ヒ、且又病人ニハ粟おこしハワルイカラ、ビスケットヲ給与セヨト御勅語アリタリ。

三月十五日　午後六時、天皇陛下ヨリ奉天陥落ノ礼状式アリテ、煙草二拾本ツツ渡リシコト。

十月九日　（九月十日講和成立）勅語奉読式アリ。

十月十七日　天皇陛下ヨリ満州軍一同ニ休養ヲ給フ。

(六) 帰国

明治三十九（一九〇六）年二月に、戦地から帰国する。佐世保で盛大な歓迎式を以て迎えられている。

二月一日、午前十時大砲及ビ材料ノ積込ミ。午後二時終リタリ。同五時半発列車ニテ鉄嶺ニ向ヒ出発。同八時半鉄嶺着。寒サ甚ダシク困難セシコト。

二月六日（大連港）午前乗船準備、船名「八幡丸」。……午後一時乗船。船長ヨリ酒五勺、みかん五個ツツ渡サル。

二月九日、午前十一時門司港大里検疫所ニ到着、上陸ス。午後三時門司市ニ着。宿泊ス。

二月十二日（小倉）、午前八時半列車ニ乗リ出発、午後四時半佐世保停車場ニ到着、下車ス。同五時帰隊。

歓迎人山ノ如ク、万歳ノ声ハ天地ヲ動カスバカリナリ。此日隊ヨリ政宗（酒）一本、菓子一袋、みかん三個ツツ渡リ、万歳ヲ三唱シテ祝式有リ。

二月十五日、佐世保市有志並ニ市民、同市婦人会会員一同ヨリ歓迎会ヲ開キ、盛大ナル御馳走有リタリ。

二月十六日、満期除隊、午後一時ノ列車ニテ佐世保ヲ発シ熊本ニ同九時着。宿舎ニ着ク……。

二月十八日、同地（熊本）出発、大口ニ到着。宿舎ニ着ク。

二月十九日、小林ニ着キ一泊。

二月廿日、紙屋ニ着キ一宿ス。

二月廿一日、午前十一時半頃、高岡ニ到着、帰郷ス。


長友辨太郎の日誌は、ここで終わっている。帰国の感想が書かれていないが、万感胸に迫るものがあったことであろう。日誌に、私的な感情を記述しない態度は、一貫している。

四　おわりに

日露戦争百周年の時が近くなっているので、地方に保存されている関係記録に眼を向けてみた。しかし、数が極めて少ない。

個人の家に残されてきた「一市民の記録」の発掘を意図してみたが、すでに散逸したり、喪失しているものの方が多いと思われる。

通史的な史・資料は、多くの出版物があるが、一市民の記録を収集することも大切なことであろうと思う。

ただ、個人の記録では、事象の全体像を捉えたり、その本質を論ずることは難しい。一人の人間の体験を、後世に伝えるという意義のみに終わるかもしれないが、それでも過ぎ去った時代を考える資料として、ここに取り上げておきたいと思った次第である。

日露戦争についての、私自身の研究も不充分であるし、力量も無いが、日誌を直接読んだ者として、その内容を中心に取りまとめた。

県立図書館が、発表の機会を与えてくださったことに感謝する。

現在までに三人の日露戦争出征日誌を見ることができた。

一つは未だ解読中であるが、御提供くださった方々にも感謝する。

【参考文献】

『岩波講座　日本通史　第一七巻　近代2』一九九四年
『近代日本戦争史　日清・日露戦争』東京堂出版　平成七年
『日露戦争　第三巻』児島襄著　文芸春秋社　平成二年
『日露戦争陸戦写真史』新人物往来社　一九九七年
『知将　児玉源太郎』生田寿著　光人社　昭和六一年
『日清・日露戦争と写真報道』吉川弘文館　二〇一二年
『世界史の中の日露戦争』山田朗著　吉川弘文館　二〇一二年
『日本の歴史　第一一巻　明治の日本』読売新聞社　昭和三四年
『大系　日本の歴史　一三巻』坂野潤治著　小学館　一九九三年
『日露戦争兵器・人物事典』歴史群像編集部（学研）二〇一二年

【著者略歴】

甲斐　亮典（かい　りょうすけ）

1929（昭和４）年　宮崎県日之影町生まれ
1953（昭和28）年　宮崎大学学芸学部卒
　同年４月、宮崎県立盲学校、宮崎大学教育学部付属中学校、宮崎県教育研修センター、宮崎教育事務所、東臼杵郡東郷町立東郷小学校長、児湯教育事務所長、宮崎市立宮崎東中学校長などを経て1990（平成２）年３月末定年退職。
1990年４月から同93年３月末まで、宮崎市文化振興課嘱託。
1993年９月から2004年３月末まで宮崎県立図書館で史料翻訳に従事。
1994年から2013年まで「みやざき歴史文化館ボランティア会」会長
1995年から2005年まで「宮崎神話ガイドボランティア会」会長
1995年から2010年まで宮崎市文化財審議委員、および宮崎県文化財保護審議会委員（2005年から13年まで同審議会会長）

［著書等］
1999～2004年「みやざきの101」シリーズ（宮崎県）編集執筆委員
2001年「目で見る宮崎県の100年」シリーズ４巻（郷土出版社）監修執筆
2007年「ふるさと」シリーズ４巻（郷土出版社）監修執筆
2006年「宮崎の神話伝承」（鉱脈社）執筆
2009年「大淀川流域の歴史」（鉱脈社）監修執筆
2011年「みやざきの言の葉」（宮崎県立図書館）監修執筆
2013年「宮崎県130年のあゆみ」（宮崎県）監修
2014年「ふるさと宮崎市」（郷土出版社）監修執筆
2014年「清武町史」（清武町合併特例区）監修執筆
2014年「ふるさとの伝説」（鉱脈社）執筆

［表彰等］
2004年　瑞宝双光章を受ける
2007年　宮崎日日新聞社文化賞を受ける
2007年　宮崎県文化賞を受ける
2010年　日本観光協会九州支部から観光振興事業功労者表彰を受ける
2010年　文科大臣から地域文化功労者表彰を受ける
2015年　宮崎日日新聞社から宮日出版文化賞を受ける

みやざき文庫 134

宮崎発掘　史話四題

2019年８月29日　初版印刷
2019年９月５日　初版発行

著　者　甲斐　亮典

発行者　川口　敦己

発行所　鉱脈社
宮崎市田代町263番地　郵便番号880-8551
電話0985-25-1758

印　刷
製　本　有限会社　鉱脈社

発掘・継承・創造 ──《いのち》をうけ継ぎ・育み・うけ渡そう ──